www.ingramcontent.com/pod-product-compliance
Lightning Source LLC
LaVergne TN
LVHW090954080826
845145LV00003B/1003

زندگی فهم نفهمیدن هاست

نویسنده

دکتر مرجان اصفی

شناسنامه کتاب

نام کتاب	زندگی فهم نفهمیدن هاست
نویسنده	دکتر مرجان آصفی
تاریخ انتشار	نوامبر ۲۰۲۰
جلد و صفحه بندی	علی توکلی
ویرایش	مهشید آژیر
محل انتشار	کرولاینا آمریکا

کتاب بوسیله شرکت چشمه کتاب از انتشارات ماهنامه خدنگ برای چاپ آماده گردیده و در سایت آمازون و نشر کتاب و ماهنامه خدنگ برای فروش میباشد.

برای تهیه این کتاب به منابع زیر مراجعه نمایید.

شرکت چشمه کتاب ۹۴۹-۴۶۲-۳۰۳۲

ماهنامه خدنگ ۹۴۹-۳۴۲-۴۹۹۷

و یا در روی تار نمای آمازون به آدرس زیر مراجعه نمایید .

http://www.amazon.com

قدردانی:

از پنجره چشمانم به زیبایی برکه ایی خیره ماندم که دستان سرنوشت ، نیلوفری را به آن هدیه کرد تا حال هم با همین نیلوفرهای اکنده از عشق سر میکنم و چایی روانم ، را با شیرینی این منظره سیراب میکنم و جادارد در کنار این منظره با یک چاشنی تشکر از مهربانویی که نخواست نامش گفته شود و عزیزانی که در این ره مرا یاری کردند همچو مادر و پدر عزیز، برادران و مادربزرگ و پدربزرگ عزیزتر از جانم قدردانی میکنم واین چاشنی را به آسمان این منظره گره میزنم که ماه کاملی، همیشه روشنگر سرنوشتمان خواهد بود و اطرافیانمان ستاره های همیشه روشن صحنه زندگانی ما هستند چه باشند و نباشند وجودشان همیشه روشن و پر عشق خواهد بود

مرجان آصفی

این کتاب را به پدر بزرگ عزیزم بخاطر تمام عشقی که به من داد تقدیم میکنم

عناوین

حرف بزنیم

شناخت حقوق

خشونت

ثروتمند

بازیگر

سایه بان

بخر طاقت

صداقت

خوش بینی

بلوغ

ترس از تنهایی

انتخاب

خلوت دل

سرعت زندگی

فرش

عشق

خوشحال

تنهایی

حال بد...

زندگی خوب

کودک پروری

اعتماد به نفس کودک

گوش سپردن

عبادت

پیچک ها

بت

کودکی

خستگی

نفس

کاش

چتر

مادر

خاطره

قطره خون

مادربزرگ

حسرت

کبوتر

راز

غنچه

آهو

بنام عشق

چند وقت پیش در روی صفحه تلفن من پیامی آمده بود . خانمی به نام مرجان آصفی ، برای من پیامی گذاشته بود که دوست دارد در رادیو قاصدک مصاجبه ای با من در مورد کتاب هایم داشته باشند .

قرار گذاشتیم و مصاحبه را انجام دادیم . مصاحبه بسیار زیبای از آب در آمد و این مصاحبه مرا به مرجان نزدیک تر کرد و فهمیدم این خانم دکتر و لایف کوچ و نویسنده بسیار خوبی هستند . مقداری از نوشته هایش را برایم فرستاد و من با قلم شیوا و روان و ساده او که مملو از عشق و انسان دوستی، احسان ، بخشیدن ، تفکر و بقیه چیز های قشنگ بود که برای انسان بودن لازم است .. آشنا شدم .برای من خیلی جالب بود که دختری در این سن و سال ایقدر قشنگ بفهمد و با احساسات و ملکه دورنش اینقدر خوب ار تباط بر قرار کرده باشد . از او خواستم تا نوشته هایش را بصورتی کتابی در بیاورد و برایم بفرستد.. بعد از مدتی همه را برایم فرستاد و من واقعا از خواندن آنها لذت بردم و از او خواستم تا کتابش را چاپ کرده و در دسترس همگان قرار دهد بدین صورت این کتاب نوشته شد .

مرجان برای این کتاب عنوان بیایید با هم بهتر حرف بزنیم را انتخاب کرده بود که اسم بسیار با مسمایی بود .

ولی وقتی که کتاب را ویراش میکردم ..به شعری از سهراب سپهری که در کتاب بود برخورد کردم بنام زندگی فهم نفهمیدن هاست . و به

این نتیجه رسیدم که این نام شاید بهترین نام برای نوشته های مرجان باشد ، او هم با کمال میل پذیرفت و نام کتاب را با اجازه روح بزرگ سهراب ، زندگی فهم نفهمیدن هاست گذاشتیم . این کتاب بوسیله نشر کتاب در آمازون برای فروش میباشد .

امیدوارم دیگر دوستان هم همان اندازه از خواندن آن لذت ببرند که من بردم .

مهشید آژیر

شانزدهم ، نوامبر ۲۰۲۰

هرگز، تسلیم نشویم! همیشه، شروع سخت ترین مرحله
میباشد

تفکر

متاسفانه، گاهی افرادِ حسود، وقتی موفقیت کسی را می بینند؛ میگویند: اینکه چیزی نیست، همه میتوانند: باید شانس و فرصتش پیش بیاید: غافل از اینکه، بهای حسادت، این است که، با گفتن و رشک بردن، هیچ چیزی درست نمیشود: باید به پا خاست و به هدف، خود: با خستگی ناپذیری، و باور به موفقیت، تلاش کرد: تا موفقیت روی خود را نشان دهد یادمان باشد! هر فکری، با خودش انرژی ساطع کرده و مانند خودش را جذب میکند: هر "فکری" در ("سلامتی" و "شادابی") و *شادابی* در *زیبائی* ما تاثیر گزار بوده و دارای قدرت بسیار میباشد: خیلی مهم است که، فکر ما مثبت باشد، یا منفی! هر فکری همچون مغناطیسی قوی، بطرف خودمان بر میگردد: پس مواظب افکارمان بوده و درست فکر کردن را بیاموزیم

گاهی یکی از سخت ترین کارها در «زندگی» این است که، تصمیم بگیریم: چگونه عمل کنیم! از کدام پُل در زندگی عبور کرده، یا کدام پُل را خراب کنیم ،به خاطر داشته باشیم: هیچکس تا به امروز، به خاطرِ ثروتش در یاد ها نمانده است: اما، همگان به خاطر میاورند، از او

چه اثری به جا مانده، یا چه خاطرهٔ مهر انگیز، در دل ها گذاشته است هرگز فراموش نکنیم: فرصت ها تَکراری نیستند و میباید تا میتوانیم، از فرصت های خود به بهترین نحوی بهره ببریم خودمان باشیم و اجازه دهیم، دیگران ما را، همانگونه که هستیم، بپذیرند، نه برای آنچه که میخواهیم باشیم! و فراموش نکنیم، خوشحالی و احساس خوشبختی ما فقط با خودمان آغاز میشود، نه دارائی ها، نه شغل ها، نه روابط، نه دوستان، فقط و فقط با رضایت خودمان از آن کسی که هستیم و آنچه که داریم نگذاریم، گوش هایمان، گواه چیزی باشند، که چشم هایمان آنرا ندیده! و نگذاریم، زبانمان، چیزی را بگوید: که قلبمان آنرا باور نکرده! بخواهیم: صادقانه زندگی کنیم.«بهشت و جهنم» در همین جاست! من این واقعیت را دیده ام که «بهشت و جهنم» هر کسی همین جاست! منکر آن دنیا نمیباشم و خود را شایستهٔ دخالت در «امور ماورا الطبیعه» نمیدانم! ولی این را میدانم: که با افکار، گفتار و رفتار خود، «بهشت و جهنم» را در این دنیا برای خودمان میسازیم! قلب ماست که آن را جذب میکند! *جهنم* همان رنج و مصیبت های ما، است و *بهشت* همان شادمانی های ماست زمان رایگان است و در ضمن گران بها ترین! نه میتوانیم، صاحبش شویم، نه میتوانیم، آن را نگه داریم! اما میتوانیم، به بهترین نحو مصرفش کنیم: وقتیکه، از دستش دادیم، هرگز قادر نخواهیم

بود آن را بر گردانیم! در ضمن هرگز نمیتوانیم، چیزیکه قرار است، از دستش بدهیم را نگه داریم! ما فقط قادر هستیم، چیز هائی را نگه داریم، که قبل از اینکه از دستشان بدهیم، *عاشقانه* دوستشان داشته باشیم و بدانیم: که حتی بهترین و صبور ترین افراد هم ظرفیتی محدود دارند! بعضی بیشتر و بعضی کمتردر مشکلات و درد های دیگران همراه و هم یار باشیم و بدانیم! دردها فراموش، یا عادت میشوند، مشکلات حل میگردند! ولی هرگز هم درد ها فراموش نمیشوندهرگز فکر نکنیم، اگر فلان مرحله از زندگی بگذرد، همه چیز درست میشود: از همهٔ چالش ها لذت ببریم «زندگی» دوست داشتن مسیر زندگیست و خوشبختی در طول مسیر است، نه در مقصد نهائی! از طول مسیر لذت برده، با شادمانی «زند گی» کنیم افرادی که زیبا فکر میکنند: با دیگران با محبت تر، رفتار میکنند! کسانیکه، شکرگزار هستند و خودشان را دوست دارند به زندگی لبخند میزنند و بخشنده هستند: آنهائیکه حتی در بد ترین شرایط و رویدادها، سعی میکنند جنبه مثبتِ قضایا را پیدا کنند و ببینند انسان هاییکه با «زندگی» و *عشق* هماهنگ هستند: همیشه و همیشه، در هر مکانی بذر امید و شادی میپاشند: اینگونه افراد مغناطیسی از *عشق* دارند و مغناطیسِ *عشق* جاذبه‌ای قوی داشته: هر چیز زیبایی را به سمت خودش، جذب میکنداین افراد به

دیگران انرژی مثبت میدهند: امیدوارشان کرده، موجب پیشرفت آنها میشوند: امیدواری بزرگترین رمز پیروزی است! مثالی حقیقی برایتان میاورم در یکی از نبرد ها، سربازان از پیروزی در جنگ نا امید بودند: «فرمانده» اشان به آنها گفت: سکه ای را بالا میاندازم، اگر *شیر شد* پیروز میشویم و اگر *خط شود* شکست میخوریم! سکه را بالا انداخت و *شیر آمد* شادی سربازان به هوا برخاست! (آنها به جنگ رفتند و بر دشمن پیروز شدند!)فردای آن روز «فرمانده» سکه را به آنها نشان داد، هر دو طرف سکه شیر بود! امید در زندگی معجزه میکند! چقدر مثبت اندیشیدن و امید زیباست! سعی کنیم در خود، تغییرات مثبت ایجاد کنیم تا اطرافیان ما، هم افراد دیگری شوند! با کسی کاری نداشته باشیم، فقط خود را "تغییر" دهیم، کافیست .

وقتی «سقراط بزرگ» زندگی آرمانی و جامعه آرمانی را توصیف میکند «گلاوکن» یکی از شاگردهایش میگوید «من باور ندارم که چنان شهرِ خدا پسندانه ای در هیچ نقطه ای از جهان وجود داشته باشد» «سقراط» پاسخ میدهد: مهم نیست، چنان شهری وجود داشته باشد یا نه؛ مهم این استکه آدم خردمند، با راه و روش های آن شهر «زندگی» کرده: به حرف و نظر دیگران کاری نداشته «زندگی» خود را در انطباق با قواعد و مقررات آن شهر سر و سامان بدهد تلاش کنیم:

شب ها وقتی میخواهیم بخوابیم، اتفاقاتی را تجسم کنیم که دوست داریم در آینده رخ بدهد! فکر کردن به دغدغه ها، مشکلات و نگرانیها در تخت‌خواب، فقط باعث میشود، آرامش روح و جسم بهم ریخته و نتوانیم راحت بخوابیم! برای همین نباید پیش از خوابیدن، اخبار را دنبال کنیم. چون بیشتر خبرهاییکه در رسانه ها منتشر میشود، منفی است و بر ذهن ما، تاثیر منفی میگذارد. صبح ها هم به محض اینکه بیدار شدیم، سریع سراغ خواندن اخبار نرویم، چون ممکن است خواندن یک یا چند خبر بد، تمام ساعات روز ذهن ما، را درگیر کند! ما خودمان باید به سلامتی روح و روانِ خود، اهمیت بدهیم

آن کس، که ز صبح خنده بر لب دارد بر قلب کسان بذر محبت کارد

هر روز بخندو"شادباش" ای دوست بگذار جهان بر تو محبت آرد

هر بامداد، فرصتی دوباره است برای جبرانِ آنچه که دیروز حسرتش بر دلمان مانده و تلاش برای فردایی، که آرزویش را داریم، پس: امروزمان را دریابیم و بدونِ اندوهِ به گذشته یا، اُمیدِ به آینده... منتظر نباشیم دریا آرام شود تا سفر خود را شروع کنیم: روحیهٔ یک جنگجو را داشته باشیم و تا زمانیکه به هدفمان نرسیده باشیم آرام نگیریم: تلاش کنیم اما تقلا نکنیم! (برای موفق شدن باید! ریسک پذیر بود

و خطر کرد) باید از منطقهٔ آرامش خود بیرون آمده و موقعیت های جدید را تجربه کنیم: آنگاه خواهیم دید که منطقهٔ آرامش ما همراه با ما رشد میکند.

***

زندگی

«زندگی» در گذر است: شـاد باشیم یا غمگین، راضی باشیم یا ناراضی، لحظه ها میگذرند،،، تصمیم بگیریم، از امــروز، برای هر چیز بیخودی گله نکرده، غمگین هم بودیم، نا راضی نباشیم! امروز خوبِ خود، را، با فکر کردن به دیروزِ بد، خـراب نکرده و «زند گی» کنیم.

به گفتهٔ «آنتوان چخوف» حتی زمانیکه، آسمان به شدت ابریست، یقین بدانیم *خورشید* نمرده و در جای خود میباشد: *خورشید* هنوز آنجا، در آنسوی ابر ها، میباشد! بیائید «زندگی» را «زنده گی» کنیم! *خورشید* (روزی دو بار، طلوع نمیکند، ما هم دو بار به دنیا نمیآییم!) پس، هر چه زودتر به آنچه از زندگیمان باقی مانده چسبیده و لذت ببریم«طلوع خورشید» در هر بامداد، پیام آور روزی دیگر، برای آغاز یک فرصت تازه است! برخیزیم و در این گرمای تابستان «زندگی» را «زند گی» کنیم! تغییر مثبتی ایجاد کرده و یک روز مفید و دوست داشتنی برای خودمان بسازیم تا در شامگاهان با رضایتمندی از روزمان به خواب برویم.نگرش درست به «زندگی» یعنی من اکنون و اینجا «زندگی» میکنم، با آنچه هست و نیست؛

«زندگی» در همین لحظه حق من است، نه زمانی که به آنجا برسم؟ از همین جا که هستم به زندگی نگاه میکنم.فراموش نکنیم: همهٔ افراد، در شرایط عادی، میتوانند خوب باشند! ولی تفاوت ها جایی مشخص میشود که، شرایط زیاد خوب نیست! اینجاست که باید جسارت داشته و ماهیت وجودی خود را مشخص کنیم! (همهٔ ما، میتوانیم، خوب باشیم و خوبی کنیم) فقط گاهی لذت خوبی کردن و خوب بودن را نچشیده ایم اگر بتوانیم، فقط چند بار خوبی و بخشش کرده و ببخشیم، مزه اش را خواهیم چشید و آنجاست که هرگز متوقف نخواهیم شد! از اینجا به بعد هست که فرق انسان های حقیر با عقاب های تیز پرواز مشخص میشود..یا مثل «گردو» میشکنیم و پاره شدن آرزوهای خودمان را نظاره میکنیم، یا مثل «عقاب» اوج میگیریم و آسمان را زیر بال های خود، میگیریم! انتخاب با خود ماست: یا اینجایی که هستیم، میمانیم. یا تا، آنجاییکه میخواهیم ادامه میدهیم: کسیکه نگرش مثبت و به دنبالش، رضایتمندانه به «زندگی» داشته باشد همین الان، همین جا، آنطور که برایش مقدور است به همه کس محبت میکند.

***

مقایسه

مقایسه ها، من و تو کردن ها، رفتار های نا سازگارانه، توقعات بیجا، عَدمِ صداقت، نا آگاهی، منیّت ها و بسیاری از نکات دیگر، میتوانند ویرانگرِ «زندگی زناشویی» باشند! رابطهٔ زناشویی یک رابطهٔ دو طرفه بوده و احتیاج به دانستن بسیاری از مسائل دارد: در غیر اینصورت میتواند، سرچشمهٔ اصلی نا خشنودی شود..

هیچ رابطهٔ دیگری در «زندگی بشر» نمیتواند مانند ازدواج؛ دو انسان بالغ را که ممکن است شناخت بسیار کمی از یکدیگر داشته باشند، برای یک عمر به هم زنجیر کند: گرچه، این واقعیت وجود دارد، که، این دو نفر از دو جنس مخالف به لحاظ جسمی برای یکدیگر جذابیت دارند، ولی دانستن نکات هنرمندانه، در زندگی زناشوئی نقش بسیار مهمی دارد.

بسیاری از زنان و مردانی که پیش از ازدواج با یکدیگر زندگی میکنند، پس از مدتی یک یا هر دو به این نتیجه میرسند که به ازدواج و با هم ماندن گرایش ندارند! استدلالشان هم این است که نمیخواهیم خود را

به یک رابطهٔ تعهد آور محدود کنیم! گرچه، تعدادی از این زوج ها نیز به یکدیگر بیشتر علاقمند شده و ازدواج میکنند ولی به مرور به جایی میرسند که دیگر نمیتوانند به زندگی مشترک خود ادامه دهند! چرا؟ هرگز به این مسئله اندیشیده ایم، که چرا ازدواجی که با اینهمه شناخت و عشق انجام گرفته، اینچنین نا فرجام است..

آنچه افراد پیش از ازدواج، باید! بدانند: این استکه ازدواج موضوعی نیست که همه از آن شناخت درستی داشته باشند! مهارت ادارهٔ آن نیز، یک نسخهٔ واحد ندارد: گرچه مشاورهٔ قبل از ازدواج و آگاهی داشتن برای رفتار درست: بسیار کمک میکند! ولی هر کسی میباید هنرمندانه و بدون مقایسه، با دانسته های کلی اصول ازدواج و نگهداری آن، خودش، افسار زندگیش را به دست بگیرد.

فرض اصلی "کنترل بیرونی" این استکه: اگر من احساس نا خشنودی میکنم، خود من مسئول این احساس نیستم، بلکه دیگران؛ رویدادها و عوامل خارج از کنترل من، آنرا در من ایجاد کرده اند و مقصرند یا دست خودم نیست، بلکه مغز من به لحاظ ساختاری یا شیمیایی به گونه ای استکه بدون آنکه من بخواهم، این مشکل را ایجاد میکند! در این فرض، هرگز شیوهٔ انتخاب اعمال ما توسط خود ما، علت نا

خشنودیمان محسوب نمیشود: افرادیکه از زندگی خود نا خشنودند، با توسل به روانشناسی "کنترل بیرونی" معتقدند:

مثلاً میگویند: من تقصیری ندارم. همسرم عامل تمام این نا خشنودی هاست و من وظیفهٔ خود میدانم که برای تغییر و اصلاح رفتارهای او هر کاری را، که، میتوانم انجام دهم، حتی اگر به قیمت جانِ هر دو تای ما، تمام شود.

بزرگترین اشتباه، همین است، هرگز نخواهیم همسرمان را عوض کرده یا او را با شخصی دیگر مقایسه کنیم! باید بدانیم، هر کسی کاملاً شخصیت فردی خودش را دارد: هرگز و هرگز نخواهیم او را عوض کنیم! تنها کاری که میشود کرد پذیرش و تغییر رفتار خود میباشد! شاید به مرور بتوانیم با رفتار خود بر رفتار او تاثیر بگذاریم و، یقیناً هم، زوجین بطور نا خود آگاه، از رفتار یکدیگر، برداشت میکنند...

روابط زناشویی درست و روابط والدین با فرزندان یکی از اساسی ترین عناصرِ خشنودی و رضایت مندی ما در زندگی است! عدمِ برخورداری از یک رابطهٔ غنی با همسر و فرزند عامل زیر بنایی تهدید کنندهٔ سلامت روان ما و رضایت مندی ما در زندگی است: در این محیط با شیوه های درست و سالم، بدون پیچیدگی و عصبیت، خانواده روابطشان با

یکدیگر رضایت مندانه، خشنود و بدون تنش میباشد! فرزندان اینگونه زوجین، از سلامت روان بیشتر، برخوردار بوده و احتمال انحرافات اخلاقی در این فرزندان، بسیار کمتر است. وقتی زوجین تصمیم به بچه دار شدن گرفتند، باید بدانند که زندگی مشترک، همانند مزرعه ای میباشد که در آن بذری کاشته شده، (رکن اول قانون مزرعه) این استکه، وقتی چیزی میکاریم، باید صبر کنیم تا در وقت خودش به ما محصول بدهد: غیر از این ممکن نیست! پس «صبر» رکن اول قانون مزرعه است!. (”صبر“ با ”تحمل“ تفاوت دارد) ”تحمل“ همراه با نا رضایتی از این لحظات میباشد: در صورتیکه ”صبر“ همراه با رضایت و پذیرش این لحظات است! چون این لحظه «زندگی» میباشد! (رکن دوم قانون مزرعه) رسیدگی و مراقبت صحیح از دانه ای میباشد که کاشته ایم: زمانیکه در حالِ ”صبر“ کردن میباشیم: این تلاش میباید! با تلاش صحیح، مستمر و پی گیر همراه باشد (کارهایی هست که باید در این مدت انجام بدهیم: از جمله پرهیز از خیلی کارها) عجله هرگز کاری را به نتیجه نرسانده و نمیرساند! تنها نتیجه اش ”زجر درونی» خودمان است! تمام مراحل زندگی نیاز به (اقدام، انجام، صبوری، امید، رضایت و تلاش مستمر) دارد.

قهوه زندگی

وقتی قهوه میخوریم: از تلخی آن لذت میبریم! ولی زمانیکه بادام میخوریم: اگر تلخ باشد، میاندازیم دور و عصبانی میشویم! چرا؟ تا حالا به این اندیشیده اید؟ اگر تلخ بد است، چرا برای قهوه خوب است! جواب این است ("بحث!" "بحثِ") *توقع* و *باور* است! زیرا که از بادام انتظار تلخی نداریم..

بسیاری از روابط، بهمین دلیل شکست میخورد، که توقع ما، از طرفِ مقابل، خواستهٔ خودمان است، نه ماهیتِ وجودی او، بسیاری از اوقات، بجای لذت بردن از همراهی یکدیگر، تمامی افکارمان را مصروفِ خاطر نشان کردن، اشتباهات یکدیگر، بر اساسِ الگو های از پیش ساختهٔ خود، میکنیم.

باید بدانیم: زمانیکه در تله های زندگی گیر میافتیم! یعنی در کودکی شرایطی داشتیم که نیازهای عاطفي ما برآورده نشده و حالا هم در بزرگسالی برآورده نمیشود.

برای برآورده کردن نیاز هایمان باید از نقش "کودک عصبانی" بیرون

آمده و بزرگسال شویم.کودکان تقریباً هر وقت که در کنار ما باشند، در حال حرف زدن هستند حتی وقتی سوأل خاصی هم ندارند: قطعاً گاهی ما از شنیدن این همه صحبت های بی ربط کلافه میشویم.

اما اگر میخواهیم، در آیندهٔ نه چندان دور، باز هم برای حرف زدن، ما را انتخاب کنند.

(امروز حرف هایشان را با حوصله گوش کنیم) اگر آدمی افکار و اندیشه های اصیل خودش را ابراز نکند و به موجودیت خویش گوش فرا ندهد؛ به خودش خیانت کرده است.

زمانی بزرگسال میشویم که: احساسات خود، را شناخته، بتوانیم ابرازشان کرده و برای زخم هایمان سوگواري کنیم، تحمل حال بد، غم و اشک ریختن لازمهٔ سوگواری درست است.

دروغ هاییکه به ما گفته شده را بشناسیم و بدانیم چرا به ما به دروغ گفتند که ارزشمند و دوست داشتنی، امن و باور کردنی، نیستیم و از دیگران کمتریم! نیازهاییکه عمیقاً خشنودمان میکند را درک کرده و اینقدر بدنبال نیازهای کاذب مثل موفقیت و شهرت نباشیم! شبیه والد سرزنش گر خود نبوده، انتظارات غلط خود را شناخته و خودمان را همینطور که هستیم بپذیریم.

شانس وجود ندارد، شانس برای کسی است که تا آخرین لحظه تلاش میکند! وقتی رویاهای ما بخشی از زندگی ما باشند، تبدیل به هدف میشوند: باید آرزوها و رویاهایمان، آنقدر بزرگ باشند که وقتی از خواب بیدار شدیم، به خودمان بگوئیم: من امروز چه کاری انجام بدهم، که به آرزو هایم، نزدیکتر شوم؟ تکرار کردن این قانون باعث میشود که رویاهای ما، به هدف تبدیل شوند: و هر انسانی وقتی هدفی داشته باشد نا خودآگاه برای رسیدن به آن تلاش میکند؛ بنا بر این، برای رسیدن به *آرزوهایمان* دو حالت وجود دارد، یا میباید، مستمر و بی وقفه، تلاش کنیم! یا خوابیده و خوابش را ببینیم.

در خاتمه، با گفته ای از «افلاطون» پایان سخن میکنم: اگر با دل خود کسی یا چیزی را دوست داشته باشید، زیاد جدی نگیرید: چون کار دل دوست داشتن است! مانندِ چشم، که کارش دیدن است! یا دهان و زبان، که کارشان معلوم است! ولی اگر روزی با عقل و خِرَد کسی را دوست داشتید، اگر با عقل و خرد، عاشق شدید، بدانید، آن چیزی را تجربه خواهید کرد، که اسمش «*عشق واقعی*» میباشد.

***

خود شناسی

خودشناسی کاری است پُر زحمت و دشوار، زیرا مستلزم *توجه* و *آگاهی* مستمر است! *آگاهی* غیر از ”درون نگری“ است! ”درون نگری“ یک جریانِ (خود اصلاحی و خود گسترشی) است! ”خود“ با همه تضاد ها از قبیلِ (اندوه پرستی، اندوه طلبی، ملامت گری، آشفتگی، و انواع کیفیت های بیمارگونهٔ آن)

ولی *آگاهی* کاملاً متفاوت با ”درون نگری“ است! متفاوت با پرداختن به ”خود“ است! *آگاهی* یعنی توجه بی وقفه نسبت به (جریان اندیشه ها، احساسات، اعمال و رفتار روزانهٔ خود) افرادی که، در افکارشان خود را ملامت میکنند، خود را توجیه میکنند، و خود را با چیز هایي، دارای (هویت) میکنند.

«نگاه نافذ» چیست؟ یادم نیست این جمله را، در کجا خواندم که: «اشتباه آدم ها در این استکه میخواهند با همان سطحی از فکر و بینش که برایشان مشکل به وجود آورده، مشکلاتشان را حل کنند“ و این، سخنِ بسیار دقیقی است. ما تا زمانیکه با همان درجه از *آگاهی* و

درک به قول «مولوی» با «خبرمندی» به خود و دنیا نگاه میکنیم، نه خطاهای خود را می‌بینیم و نه به شکل مفیدی قادر به حل مشکلات خود هستیم و نه حتی درک درستی از ماهیت مسائل خود، داریم. انسان برای رشد و رهایی، نیازمند سطح بالاتری از (”فهم؛ درک و نگاه“) است.

«خودشناسی» یعنی اوج گرفتن از خود و رفتن به همان سطح بالاتر، یعنی دیدن خود از بالا. با پا گذاشتن به دنیای *خودآگاهی* نگاهی نو و متفاوت در وجود ما جوانه میزند، نگاهی که ما را میبیند، میشناسد، نقد میکند و با عشق و صبوری، پرورش میدهد. گویی یک «من» تازه، یک «من» عالی تر، و یک «خود» ناظر و راهنما در ما متولد شده استکه ما را میفهمد و به سان پدری عاقل و دلسوز، فکر، رفتار و زندگیمان را راهنمائی میکند.

این «من» دوم، ماهیت حقیقی و اصیل ماست، نهال ریشه دار و بی بدلی که همواره در باغچهٔ وجود ما بوده و هست، ولی هیچگاه فرصت ظهور و تجلی پیدا نکرده است چرا که خاشاک هزاران فکر، احساس و خواستهٔ تحمیلی، امکان شکوفایی و به بار نشستن را از او ربوده است.

زین دو هزاران من و ما ای عجبا من چه منم

گوش بده عربده را دست منه، بر دهنم

اغلب ما از این نهال اصیل و یگانه غافلیم و آن را تشنه و فراموش شده، به حال خود رها کرده، در پی خوشیهای کم عمق و چاره های بدلی هستیم. و از همین روست که رنج میکشیم و راهی به خلاصی نمی یابیم. زمانیکه به خود آییم و بیدار شویم، خواهیم دید که «خودشناسی» همان نگاه نافذ و نیرومندی استکه برای آزادی و شادمانی سخت بدان محتاج بودیم و نمیدانستیم.

«آرتور شوپنهاور» درکتابِ (در بابِ حکمتِ زندگی) چنین بیان میکند: باید دربارهٔ گذشته چنین بیاندیشیم: «هر قدر هم، رنجیده باشیم، بیایید آنچه را که رفته است بپذیریم و هرچند دشوار است، آزردگی را در دل خود رام کنیم» دربارهٔ آینده، باید چنین اندیشید: «آینده از اختیار ما بیرون است و در بطن خدایان پرورده میشود» اما دربارهٔ زمان حال باید چنین اندیشید: «به هر روز چنان بنگر که به همهٔ عمر مینگری»

***

رويا و اسطوره

اگر پيش فرض هاي روانكاوي را نپذيريم، رويا ها (تصاويري كه در حين خواب دچارشان هستيم) چيزي نيستند جز «مرور» سريع حوادث روزگذشته همراه با افكار، احساسات و خاطراتي كه آن حوادث براي ما تداعي كرده اند. بطور قطع بخش زيادي از رويا هاي ما چنين هستند: تركيبى تصادفي و بي نظم از تصاويري كه صرفا بر اساس «تداعي» بهم متصل شده اند! مغز، هنگاميكه ما در خواب هستيم، فارغ از انبوه داده هاي حسي است، شروع به «انبارگرداني» و مرتب كردن داده هاي روز قبل ميكند و هر حادثه اي را دركشويي ميچيند كه به نوعي با خاطرات و تصاوير آن كشو تشابه معنايي دارد. اينگونه استكه ممكن است روزيكه به دليل ايستادن روي «خط عابر پياده» توسط افسر راهنمايي و رانندگي»جريمه» شده ايم، شب در خواب ببينيم كه در حال نوشتن «جريمه هايي» هستيم كه معلم كلاس چهارم ابتدايي مان بابت «بد خطي» به ما داده بود و صبح كه از خواب بر ميخيزيم حيرت زده باشيم كه چگونه و چرا اين خاطره پس از چهل سال براي ما زنده شده است.

اما پیچیده ترین رویا ها، آن دسته از رویا ها هستند که «ساختار داستاني» دارند و حاوي صرفاً تصاويري از خاطرات دور و نزدیک ما نیستند، بلکه داراي بستر داستان *(exposition)*، پي رنگ *(plot)*، نقطه اوج *(culmination)* و نتیجه گیري *(solution)* هستند، گويي یک نمایشنامه نویس برجسته بهمراه یک تیم «دراماتورژ» طراح صحنه، طراح لباس و کارگردان، سعي در انتقال یک پیام به ما دارد.

براي مثال یکي از مراجعان «دکتر کارل گوستاو یونگ» که از کشوري دیگر براي روانکاوي به وي مراجعه کرده بود چنین خوابي مي بیند:

خواب دیدم در حال عبور از مرز سوئیس هستم *(exposition)* مامور گمرک تصمیم به بازرسي ساک دستي من گرفت *(plot)* من اظهار کردم چیز مهمي در ساک ندارم *(culmination)* ولي وقتي ساک را باز کرد یک تختخواب تاشو از درون آن بیرون آورد *(solution)* ببینید چقدر این خواب هوشمندانه طراحي شده است. گويي فرد خردمندي که از گذشته این فرد با خبر است (اقرب الیک من حبل الورید!) دارد به او چنین میگوید: «تو داري براي روانکاوي به نزد این روانپزشک سوئیسي میروي *(exposition)* و او براي درمان میخواهد کوله بار سفر زندگیت را مرور کند *(plot)* اما تو در عین حال که براي درمان نزد او میروي سعي

ميكني اطلاعات مهمي را از او پنهان نگه داري *(culmination)* و آن چيزيكه دوست نداري او بفهمد اين استكه يک رابطهٔ جنسي ممنوعه داري *(solution)*!"

گويا خردمند رويا پرداز پيش از مراجعه فرد به «يونگ» دارد به او راجع به آنچه در روانكاوي هاي گذشته انجام داده و احتمالا در روانكاوي بعدي نيز انجام خواهد داد تذكر ميدهد و به نوعي به او ميگويد علت اين كه روانكاوي هاي گذشته ات مثمر ثمر نبوده اند اين بوده كه بخش مهمي از زندگيت را از روانكاو پنهان ميكردي و اگر با اين سوئيسي هم قرار باشد همين كار را بكني به نتيجه اي نخواهي رسيد.

اينجاست كه «آلفرد آدلر» روانكاو اهل وين برخلاف «فرويد» اعتقاد دارد كه رويا جهت گيري رو به آينده دارد، درست استكه گذشته را مرور ميكند ولي به گونه اي مرور ميكند كه براي آينده و تصميمات آن تذكراتي بدهد. يونگ اعتقاد دارد كه هر چه فردي مسئوليت جمع بزرگتري را به عهده داشته باشد روياهايش «جمعي تر» ميشوند، چنين كسي روياهايش راجع به زندگي شخصي اش نيست بلكه راجع به زندگي «قبيله اش» خواب ميبيند! «يونگ» چنين روياهايي را «روياهاي بزرگ» مينامد.

وقتي روياها جمعي تر باشند نمادهاي مندرج در آن هم غير شخصي تر و جمعي ترند. مثلا وقتي يكنفر در رويا گربه ميبيند روانكاو ميپرسد: «گربه براي شما چه تجاربي را تداعي ميكند؟ چه خاطراتي را زنده ميسازد؟» ولي براي تعبير يک «روياي بزرگ» اين سوال درستي نيست. «معبر» بايد بپرسد براي «قبيلهٔ شما» گربه نماد چه چيزي است! «اسطوره» نام ديگر «روياي بزرگ» است و «اسطوره شناس» همان «معبر» روياي جمعي است.

«اسطوره» بازنمايي زندگي جمعي ما در «ذهن الهي» است، پيامي راز آلود از «عمق زندگي» رويايي براي بيدار كردن ماى خوابگرد

***

انسان عادی

امروزِ خودمان را با شادی شروع کنیم و زیباییهای محیطِ زندگیمان را جستجو نمائیم! درگیر افکار منفی نگردیم: لذت های زندگیمان را، جدی گرفته، مطمئن باشیم! هر روزیکه دوباره، بتوانیم آفتاب را ببینیم روز شانس ماست... بدانیم: زمانیکه، نا امید، افسرده و منفی میشویم، غیر عادی هستیم! انسان عادی فردی استکه مثبت و امیدوار صحبت میکند و حرف هایش حس و حال خوبی را در خودش بوجود آورده و به دیگران منتقل میکند.

میباید در انتخاب کلماتی که استفاده میکنیم: بسیار دقیق باشیم. بخصوص کلمات و جملاتی که در خلوت با خود نجوا میکنیم! در گفت و گو های درونی با خودمان تا میتوانیم جملات مثبت بکار برده و به جملات و عبارات منفی و کنایه‌های تلخ حتی نزدیک هم نشویم! هر سخنِ نا بجاییکه به زبان میآوریم: قبل از آنکه از دهان ما خارج شود، درون ما را به سیاهی خود آلوده ساخته است.

«اکهارت تله» میگوید: هنگامیکه در پذیرش مطلق خود، هستیم، دیگر

هیچکس نمیتواند ما را واردِ مشاجره و درگیری درونی با خودمان بکند.

جاه طلب نباشیم: آرزوهای قابل دسترس، موجب نشاط و تحرک در انسان میشوند! تمام آرزو ها و رویا پردازی های غیر قابل دسترسی در «زندگی» را از خودمان دور کنیم، «"خوشبختی"» آرزو کردنی نیست، احساس رضایت از داشته ها و توانمندی های خودمان است که، احساسِ خوشبختی را در ما موجب میشود! هرگاه به این حالت رسیدیم! در ادامه اش احساسِ خوشحالی خواهیم داشت و هیچکس نمیتواند آن احساس شادمانی را در ما، نابود کند: آنگاه نا شاد بودن برای ما، غیر ممکن خواهد بود! بزرگترین دشمن آرامش انسان، مقایسه خود با دیگران است! غافل از اینکه هر کسی، در مسیری کاملاً متفاوت از دیگری در حال سفر و یادگیری است! مراقب رفت و آمد های خود باشیم: یک شریک معنوی واقعی کسی استکه ما را به نگریستن در درون خود برای زیبایی و عشقی که در جستجویش بوده‌ایم تشویق میکند: یک آموزگار واقعی کسی استکه به ما کمک میکند تا آموزگار درون خود را کشف کنیم.آیا تا کنون به این اندیشیده ایم: که، چرا «زندگی» ما، اینقدر آشفته و پر هیاهوست؟

این «زندگی» نیست که آشفته است، ما هستیم که آشفته ایم: همانطوریکه

اکنون هستیم! «زندگی» یک فریاد بنظر میرسد: «زندگی» یک آئینه است، به سادگی ما را و هر چه هستیم را منعکس میکند! «زندگی» یک آواز است، اما برای شنیدن آواز باید خودمان هم آواز شویم، زیرا فقط "همانند" استکه "همانند" را میشناسد: «زندگی» بخاطر ما، اینگونه است: هنرمند کسی استکه، نابودش نکند! آشفته اش نکند! تحریفش نکند! «زندگی» وقتی با ما کنار میآید: که ما، همانند آواز باشیم! در غیر اینصورت، وقتی با ما بر خورد میکند، از *آواز* به *فریاد* *نعره* گاهی هم *غُرش* تبدیل میشود! زیرا که ما یک "فریادیم" "بیماریم" "مریضیم" "تکه، تکه، ایم" "کامل نیستیم"! آنگاه استکه *آواز* در درونمان نابود میشود! (خودمان *آواز* شویم: و نتیجه اش را ببینیم!) بلی، بعد از آن، کلِ «زندگی» به شکل *آواز* آشکار میشود! (وقتی منفی نگری وجود ندارد) (وقتی مثبت نگری در درون ما شعله ور میباشد) (کل زندگی مثبت میشود) تمامی این آشوب ها بخاطر افکار ما در اینجاست! بخاطر نگاه ما به «زندگی» در اینجاست! بخاطر توقعات و انتظارات ما در اینجاست! بخاطر قلب ماست! زمانیکه، قلب ما، لبریز از رنج، بدبختی و تاریکی شده است! نمیتواند چیز دیگری پیدا کند! باز تاب صدای خودمان است! هر آنچه در زندگیمان رخ میدهد، بازتابی از خود ماست.

یاد بگیریم

یاد بگیریم: گاهی آرام و متین به چشم های طرف مقابلمان نگاه کرده و با مهر و ادب «نه» بگوییم: «نه» (نمیروم، نمیخواهم، نمیکنم، نمیخورم و... لاغیر)! حتی اگر آن چشم ها؛ چشم های عزیز ترین هایمان باشد، باز هم آرام و با مهر، به آنها نگاه کرده و گاهی، «نه» بگوئیم: «نه» گفتن موهبت بزرگیست که یاد گرفتنش جهان اطراف ما را امن تر کرده و روانمان را آسوده تر، میکند! همانقدر که «نه» گفتن را یاد میگیریم، گوش هایمان را برای «نه» شنیدن هم، آماده کنیم: بگذاریم، دیگران هم این «نه» خاموش و بد نام را بر زبان آورند. بگذاریم «نه» از بد نامی و بد یُمنی در بیاید.

«نه» در حقیقت موجود خوب و سَر به زیری است، اما اگر همین «نه» سر به زیر، پشت آری های ساختگیمان پنهان شود، بزودی از ما موجودی نقاب دار و بیمار میسازد که یک گُردانِ عصبانی از «نه» های سرکوب شده، روانش را اشغال کرده است... یاد بگیریم «نه» بگوییم و «نه» بشنویم... کار سختی نیست، من توانستم! این را، «نیکلای گوگول» در کتابِ (یاد داشت های یک دیوانه) مینویسد.

در برخورد با هر شرایط نا مطلوب، در «زندگی» انتخاب های متفاوتیداریم: کماکان قربانی شرایط بمانیم یا، شرایط را تغییر دهیم! نگاهمان را به شرایط تغییر داده، شرایط را بپذیریم یا، شرایط را متوقف کنیم: مثلا اگر هنگامیکه، با دوستان یا همکارانی صحبت میکنیم که دائما حرفهای نا امید کننده و منفی میزنند: باید بدانیم: نه تنها از معاشرت با آنها لذت نخواهیم بُرد، بلکه تمام انرژي امان هم تخلیه میشود، پس، میتوانیم: کماکان به آن روند ادامه داده و اذیت شویم: صحبت کرده و، موضوع را تغییر دهیم تا اذیتمان نکند! صحبت کنیم ولی نگاهمان طوری باشد که مثلا دارم اجازه میدهم او انرژي اش را تخلیه کند. دارم کمکش کرده و میپذیرم همینکه هست! خودمان را اذیت نکرده و مانند یک ناظر، بدون دخالتِ احساسات به حرفهایش گوش کرده و رابطه مان را قطع نماییم! یادمان باشد هیچوقت مجبور نیستیم کاری را انجام دهیم و همیشه کاریکه در لحظه میکنیم در واقع انتخاب ما یکی از این پنج انتخاب بوده است! همیشه انتخاب اقدامات و احساساتمان با خودِ ماست. پس دقت نمائیم و بهترین انتخاب را داشته باشیم.

به انگشت های دست خود تاکنون توجه کرده اید؟ انگشتهای دستمان، یکی کوچک، یکی بزرگ، یکی بلند و یکی کوتاه، یکی قوی و یکی

ضعیف، اما، هیچکدام دیگری را مسخره نمیکند، هیچکدام دیگری را له نکرده و هیچکدام برای دیگری تعظیم نمیکنند: آنها کنار هم یک دست میشوند و کار میکنند: گاه ما انسانها، اگر از کسی بالاتر باشیم، لهش میکنیم و اگر از کسی پایین تر بودیم او را میپرستیم! یادمان باشد: نه انسانی «بندهٔ ماست» و نه انسانی «خدای ما»

وقتی شیشهٔ منزلمان کثیف است، آنرا پاک کرده، بیرون را روشن تر و شفاف تر دیده، حسِ خوبی پیدا میکنیم، پس، دل خود را پاک کنیم، تا دنیا را شفاف تر ببینیم! از هر کسی بدی دیدیم، همین الان ببخشیم و کینه ها را دور ریخته، دلمان را پاک کنیم از هرچه کینه است! ببخشیم، شاید آنهائیکه ما را رنجانده اند، لایق بخشش نباشند ولی خودمان که لایق ارامش هستیم.

روزی، در کلاس درس؛ حرف از حکومت و اوضاع بد خاورمیانه شد و استادم حرف جالبی زد که همواره در ذهنم نقش بسته است! استادم گفت: فکر نکنید برای کشورها قرعه کشی کرده اند و مردم سوئیس بخاطر شانس خوب این حکومت گیرشون اومده و مردم خاورمیانه بد شانس بودند و به این روز افتاده اند! بلکه هر ملتی حکومتی که سزاوارش هست رو میسازند و مردم سوئیس شایسته داشتن حکومتی

این چنینی هستند و مردم خاورمیانه هم لیاقتشان بیشتر از اینکه دارند، نیست! احساس تحقیر کردم، بهمین خاطر پرسیدم: ما باید چه کاری انجام دهیم تا تغییر کنیم؟ استاد فنجانِ قهوه را، از کنار دهانش پایین آورد، لبخندی زد و گفت: هر سوئیسی در سال ده کتاب میخواند، تو اگر کسی را از خاورمیانه دیدی، از طرف من بگو چنانچه مردم کشورت سالی یک کتاب بخوانند کشورت تغییر خواهد کرد

***

بامدادان امروز

تو ای، زیبا تر از خورشید زیبایم!

تو ای، والا ترین مهمان دنیایم،

بدان آغوش من باز است: شروع کن!

یک قدم با تو، تمام گام های مانده اش با من.

یاد بگیریم! لذت بردن، هدف زندگیمان باشد: تا میتوانیم، همهٔ کارها را با لذت همراه کنیم: حتی نفس کشیدن، که کمترین فعالیت ما میباشد! کتابِ (اثر مرکب) اثر: «دارن_هاردی»

اینکه بدانیم در راهی درست گام برداشته ایم: با اینکه فکر کنیم: راهمان درست است: بسیار متفاوت میباشد: تلاش کنیم در راه درست گام بر داشته و توجهی به پیش داوری افراد نداشته باشیم! خودمان هم، هرگز و هرگز! به خودمان اجازه ندهیم، که دربارهٔ «زندگی دیگران» قضاوت کنیم: یادمان باشد، ما از درونِ هیچکس خبر نداریم و، هرکس رنج های خودش را در درونِ خود، دارد.

پروردگارا، قلب ما را لبریز از بخشش، عشق و شادمانی کن، بگونه ای که وجودمان باعثِ بالا رفتنِ ارتعاشاتِ مثبت در آن کسی شود که ملاقات میکنیم! زمانی‌که افکار مزاحم به ذهن ما آمد، به خودمان با صدای بلند فرمان «ایست» بدهیم! در ابتدا این کار خیلی سخت به نظر میرسد، اما تکرار آن باعث میشود که به مرور حواس ما، تحت کنترل نا خودآگاه ما در آمده و با دیدن افراد و مشابهات، هیچگونه پیش داوری نکرده چند نفس عمیق کشیده، حواس خود را به سوی مثبت ها کشانده و به کار عادی خود ادامه داده یا اگر امکانش وجود داشت، موقعیت خود را تغییر دهیم! بدین معنا، اگر نشسته هستیم، بلند شویم و چند گام راه رفته، سر خود را شلوغ کنیم! کار کردن و فعالیت نسبتاً زیاد، راهِ درمانیِ خوبی، برای بسیاری از افراد، است که مدام در بارهٔ خود یا دیگران دست به قضاوت، پیشداوری و ارزیابی می زنند! فعالیت زیاد و حضور در جمع های سالم، فکر ما را درگیر میکند و با ایجاد خستگی، فرصتی برای منفی بافی باقی نمیگذارد.

فراموش نکنیم! که، انسانیتِ افراد را، به میزان برخورداری ها و چیز هاییکه در زندگی دارند نسنجیم! بلکه برعکس، به اندازهٔ نیازهاییکه در خویشتنِ خویش، احساس میکنند، و از انسانیت برخوردار هستند، بسنجیم! یعنی هرکس به میزانی انسان تر استکه نیازهای *کامل تر*

متعالی تر و *والا* تر دارد! آدم های اندک نیاز های اندک دارند و انسانهای بزرگ نیاز های بزرگ.

گر در طلب گوهر کانی، کانی		گر در طلب لقمهٔ نانی، نانی....

این نکتهٔ رمز، گر بدانی، دانی		هر چیز که در جستن آنی، آنی....

«حضرت مولانا»

گشاده باشیم! بخندیم! لذت ببریم! خوب بخوریم! خوب ببخشیم! مراقبه کنیم! اما خواسته و طمع چیزی را نداشته باشیم! وقتی چیزی برایمان رسید از آن لذت ببریم! و از آن، همچون یک «"هدیه و موهبت"» لذت ببر،یم! ولی هرگز آن را، درخواست نکنیم! هرگز برایش نقشه_ نکشیم! با تمامیت وجودمان زندگی کنیم! طمع و خواستهٔ هیچ چیزی را نداشته باشیم! اما برای هر چیزی، با روح و روی باز، «"آماده، پذیرا و سپاسگزار باشیم"» «"بگذاریم هستی ما را غافلگیر کند"»

بیشتر از اینکه، بدنبال زندگی خوب باشیم، خوب زندگی کنیم! این دو معنایشان متفاوت است! خوب زندگی کردن یک شعور متعالی است، اما در آرزوی زندگی خوب حسرت خوردن، یک حماقت محض است: از دست دادن نقدِ زندگی است! آنان که همواره در آرزوی زندگی خوب و کامل بسر میبرند، هرگز در این دنیا به آن دست نخواهند یافت و

هیچکس هم، دست نیافته است: زیرا خصلت ذاتی *حیات دنیوی* به قولِ «حضرتِ مولانا» نقصان و کمبود است.

آن یکی خر داشت، پالانش نبود

یافت پالان، «گرگ» «خر» را، در ربود

کوزه بودش، آب می نامد، به دست

آب را چون یافت، خود، کوزه شکست

کسی خوب زندگی میکند که این دنیا را شناخته و مقهور داشتن ها و نداشتن هایش نمیشود. در حسرت چیزی نیست و همواره با نقد زندگیش کار میکند. چنین کسی هماهنگ ترین انسان ها با جریان حیات است.«آقای محمود دولت آبادی» در کتابِ (نون نوشتن) مینویسد: ”اندیشیدن“ را جدی بگیریم: ”اندیشیدن“ آنچه ما کم داریم مردان و زنانی هستند که ”اندیشیدن“ را جدی گرفته باشند: ”اندیشیدن“ باید به مثابهٔ یک کار مهم تلقی شود: ”اندیشه ورزیدن“! بند زبان را ببندیم و ”بال اندیشه“ را بگشاییم.

قاصدک

لحظه هایِ «زندگی» همانندِ قاصدک هایی هستند که با یک دم و باز دمِ ما به هوا میروند؛ لحظه هایِ «زندگی» را دریابیم و مثلِ کودکی خوش باور، آرزوهایِمان را در گوشش نجوا کنیم، قدرِ لحظه ها را بدانیم: مبادا که گذرِ عمر، قاصدک هایِ لحظه هایِمان را به بادِ فنا دهد. هر روز خالق زیباییهایش باشیم؛ پیش از آنکه دیگر نتوانیم.

و اما، «اکهارت تله» میگوید: بر هزاران کاریکه، شاید در آینده مجبور شویم انجام دهیم تمرکز نکنیم! بلکه، فقط بر یک کارکه، اکنون میتوانیم انجام دهیم، متمرکز شویم! این به آن مفهوم نیست، که نباید برنامه ریزی بکنیم! شاید، آن تنها کاری استکه، اکنون میتوانیم انجام دهیم! همان برنامه ریزی باشد.

وقت بگذاریم و به خواسته هایمان فکر کنیم: به درون بنگریم تا بفهمیم، چه چیزی درست است! تقریباً همهٔ افراد دنبال شهرت و ثروت هستند! باید «لباسی» بپوشیم که برازنده مان باشد. (باور راسخ مستلزم عمل کردن است) باید صادق و مسئولیت پذیر باشیم! (برای رسیدن به

اهداف خود به انضباط فردی نیاز دارید) آیا آماده ایم، به اهدافمان برسیم؟ آیا میتوانیم در ذهنِ خود، تصور کنیم که آنها به واقعیت پیوسته اند؟ آیا وجودمان را یکسره صرف دستیابی به خواستهٔ خود خواهیم کرد؟

هرمان هسه

هرمان هسه» مینویسد: هنوز هم کارهای خوب زیادی برای انجام دادن باقی مانده است! اینکه وقتی دیگران شایعه میسازند، دهانمان را ببندیم! اینکه بدون خصومت به انسان ها لبخند بزنیم! اینکه کمبود محبت در جهان را از طریق محبت های کوچک تر در زمینه‌های شخصی تر و کوچکتر جبران کنیم! به اعمالمان ایمان بیشتری داشته باشیم..صبر و حوصله بیشتری داشته باشیم و برای انتقام جویی های حقیر به سراغ نقد دیگران نرویم....

اگر که دوست نداریم از خطاهای خودمان صحبت کنیم: اگر که انجام چنین کاری ما را آزرده میکند! بطور قطع میباید، وقتیکه سخنانی از سر خشم و غضب در بارهٔ دیگر انسانها میگوییم بیشتر احساس آزردگی کنیم! خود و هر عضو خانواده را برای پرهیز از حرف زدن در بارهٔ دیگران تمرین داده و تشویق کنیم: قضاوت نکنیم: تا باشد که قضاوت نشویم.

دیگران را ببخشیم؛ بی عقلی، حسادت، خیانت، تهمت و بی ادبی، نشانهٔ (”عدم بلوغ روحی“) انسانهاست! انسان های نارس این موارد را زیاد دارند! بخواهیم تلاش کنیم، که ما انسانی رسیده باشیم: با

سبکبالی، بدون آنکه قضاوت یا سرزنش کنیم از کنارشان بگذریم.

برای ساختن تمام آنچه که در دنیای بیرون میطلبیم: میباید، دنیای درونمان را آمادهٔ پذیرش کنیم.

«ریچارد باخ» میگوید: هرچه اوج میگیریم، چشم اندازمان گسترده تر میشود! گزینش ها، دوراهی ها و میان بُر، ها را بهتر می بینیم و هر چه فرود بیاییم، چشم اندازمان را از دست میدهیم و هنگام فرود، درک و دریافتمان از گزینش های دیگر بر باد رفته و حواسمان پی جزئیات میرود.

«مادر ترزا» میگوید: در انتهای حیات، ما بدین سنجیده نخواهیم شد که: مدرک دانشگاهی دریافت کرده ایم! چه مقدار از مادیات دنیا برای خود اندوخته ایم! چه کارهای بزرگی انجام داده ایم! سنجش ما بر این اساس خواهد بود: من تشنه بودم و تو سیرابم کردی! من عریان بودم و تو مرا پوشاندی! من بی خانمان بودم و تو مرا اسکان دادی! تشنه نه فقط تشنهٔ آب، بلکه تشنهٔ محبت! عریان نه فقط از برای پوشاک، بلکه عریان از عزت و احترام.بی خانمان ولی نه در طلب خانه ای از خشت، بلکه، به سبب خروج از دردهای انسانی! بنابراین، جسورانه عشق بورزیم، احترام کرده و بپذیریم.

توقعات

نباید از ازدواج و همسر خود توقعات کمال گرایانه و غیر واقعی داشت»

یکی از علل نا رضایتمندی زوجین در زندگی مشترک، وجود تصاویر ایده آل و دست نیافتنی از همسر و زندگی مشترک در ذهن هر یک از زوجین است.

دخترها و پسر ها، سالها قبل از ازدواج، در تعامل با رسانه های مختلف و نیز اطرافیان خود، به تدریج تصویری ایده آل از همسر آینده شان را در ذهن خود خلق میکنند! این تصویر در بسیاری از اوقات حاصل ترکیب ویژگیهای متعدد و بعضاً متضادی استکه عملاً در عالم واقعیت در یک فرد قابل جمع نیستند. پس از ازدواج، هر یک از زوجین در هر لحظه، اعمال و گفتار همسر خود را با این تصویر ایده آل مقایسه کرده و بر اساس میزان تطابق یا تفاوت ویژگیهای همسرش با این ایده آل ها، هیجانهای مثبت یا منفی تجربه کرده و به همسرش نزدیک یا از او دور خواهد شد.

از آنجائیکه حتماً بعضی از ویژگیها یا رفتارهای طرف مقابل با برخی از خصوصیات تصویر ایده آل ذهن فرد تفاوت دارد، هر بار به علت یک «عدم تطابق»، فرد دچار «احساس ناکامی» شده و تلاش میکند با رفتاری که انجام میدهد از شدت این ناکامی بکاهد.

بتدریج که این ناکامی ها به صورت تراکمی افزایش مییابند، ادراک فرد از همسرش را مخدوش کرده و موجب سردی و فاصله گیری فرد از همسرش میشود. بهمین دلیل استکه گفته میشود نباید از ازدواج و همسر انتظاراتی کمال گرایانه و غیر واقعی داشت، زیرا هر تصویر ایده آل نشدنی، منشأ ناکامی در زندگی مشترک خواهد شد.

پیشنهاد ما به زوجین این است که پس از ازدواج، با اولویت قرار دادن «رابطه» و در جهت افزایش کیفیت زندگی مشترک، آگاهانه تصمیم بگیرند که بخشهایی از تصویر ایده آل ذهنشان را مطابق با واقعیت موجود همسرشان تغییر داده و تعدیل کنند تا از این طریق از ناکامی های قطعی پیش رو بکاهند.

زوجینی که بهتر بتوانند این تعدیل را انجام دهند، بهتر میتوانند از بودن در کنار همسر خود لذت برده و بدون مقایسه کردن او با همسر دیگران و حسرت خوردن بر نداشته ها، زندگی مشترک خوبی را تجربه کنند.

در حالیکه، زندگی مشترک، هرگز تشابه ای به رویا ها، ایده آل ها و چهارچوب سازی های ما ندارد! همسر خوب، همسریست که، با ما، همدل بوده، صداقت، رفاقت و انصاف و، وجدان داشته و آگاهانه، مهربان، محترم، خویشتن دار و بردبار باشد! اگر ما همسر خوب را حق خود بدانیم، تربیت نمیشویم و تربیت نمیکنیم؛ اما اگر خوب همسری کردن را حق خود بدانیم، هر لحظه و هر جا میتوانیم حقمان را از زندگی بگیریم! وقتی خوب همسری کردن را حق خود بدانیم، هر لحظه و هر جا میتوانیم با "کوچکترین اقدامی" دفاع موثری از، حقوقمان بکنیم! وقتی حقوقِ واقعی مان را بشناسیم، باید از آنها دفاع کنیم! آیا با این نگاه تربیتیِ دفاع از حقوق، یعنی تلاش مستمر برای *خوب «زندگی» کردن* نه *«زندگی» خوب* داشتن! موافقید؟

***

ضربه های عاطفی

سیزده نشانه ای که بیانگر رنج بردن و آسیب دیدن شما از یک ضربه عاطفی است.ضربهٔ عاطفی، اغلب نتیجهٔ استرس شدید در وضعیت هایی استکه هنگام وقوع، توان مدیریت و مقابله با آنها را نداشته اید! مثل (مرگ والدین، حامی، مراقب یا عزیزی که به شدت به او علاقمند، وابسته یا متکی) بوده اید! هر چه از دست دادن در سنین پایین تر، اتفاق افتاده باشد، شدت و گستردگی آسیب به شما بیشتر بوده است و یا مثل از دست دادن یک رابطه عمیقِ عاطفی (طلاق و جدایی) بویژه اگر این موضوع باعث تغییر ملاقات شما با فرزند یا فرزندانتان شده باشد و یا مثل طرد شدن از سوی کسی که عاشقانه دوستش میداشتید، مهاجرت، داشتن والدین کودک آزار و تهدید کننده، سوء استفاده جنسی و ...

۱- «در مقابل تغییرات مثبت مقاومت میکنید» مثلا به هر چیز مثبتی که وارد زندگیتان میشود، مشکوک میشوید و حس خوبی نسبت آن ندارید.

۲- «برای همه چیز نیاز به برنامه ریزی دقیق و وسواسی دارید» زیرا میخواهید همه چیز را به دقت کنترل کنید و همیشه نگران مسایلی

هستید که خارج از کنترل شما است! در واقع شما به خودتان و دنیا بی اعتماد هستید یا در اعتماد کردن به دیگران مشکلات جدی دارید اما به محض اینکه اعتماد میکنید؛ احساس میکنید از شما سوء استفاده شده است.

۳- «به شدت از شکست و ناکامی میترسید» ترس از شکست، بخشی از ویژگی انسان بودن است ولی اگر این حس خیلی قوی و ریشه دار باشد، انگیزه پیشرفت و موفقیت را در شما نابود میکند و موقعیتهای مناسب شما را از بین میبرد.

۴- «ترسیدن شدید از موفقیت دارید» یعنی همیشه نگران این هستید بعد از اینکه موفقیتی را به دست آوردید از دستش بدهید: کسانیکه نا خودآگاه تمایل دارند تا فرصتهای خود را بسوزانند، معمولا و نه همیشه، در کودکی یا نو جوانی، فرد مهمی را از دست داده اند! (فرصت های خود را از دست میدهید و سپس برای آن سوگواری میکنید)

۵- «به دلیل اضطراب بالایی که دارید، نمیتوانید به خوبی تمرکز کنید» و معمولا حافظهٔ شما به درستی کار نمیکند و اغلب تمرکز روی مسایل برایتان بسیار مشکل است و از قضا خواب با کیفیتی هم ندارید و در اکثر مواقع ذهن شلوغی دارید که باعث حواس پرتی شما میشود.

۶- درد و دل کردن برای شما بسیار دشوار است و ترجیح میدهید که در سکوت و انزوا رنج بکشید ولی از کسی کمک نخواهید زیرا از سرزنش، قضاوت یا طرد شدن از طرف دیگران میترسید.

۷- «به خودتان یا دیگران لطمه میزنید» کسانیکه دوستشان دارید را پس میزنید یا از خود میرنجانید و وقتی به مشکلی برخورد میکنید، خود را قرنطینه میکنید.

۸- اغلب از رفتار و عملکرد خود ناراضی هستید، معمولا خود را سرزنش میکنید، تقریباً همیشه از کار خود احساس پشیمانی یا احساس شرم و گناه و تقصیر دارید.

۹- خیلی زود کنترل خود را از دست میدهید و بهمان زودی نیز بر اوضاع مسلط میشوید ولی متوجه میشوید که پاسخ شما به محرک برانگیزاننده، کاملاً نا متناسب و نا بجا بوده است و گاهی بدون اینکه بخواهید زیاد از حد خرابکاری و افراط کرده اید.

۱۰- هدف مشخصی در زندگی ندارید و مانند افراد بلاتکلیف رفتار میکنید. گاهی در سلب مسئولیت از خود زیاده روی میکنید و همین

موضوع باعث سرزنش دیگران میشود. زود تصمیم های جدی و آتشین میگیرید و سپس از آن منصرف میشوید یا آنرا سرکوب و به دست فراموشی میسپارید.

۱۱- «معمولاً زیاد از این شاخه به آن شاخه میکنید» به پاک کردن صورت مسئله بیشتر از حل آن علاقه نشان میدهید و بهمین دلیل درگیر رویا بافی میشوید! عموماً کم حوصله و بد اخلاق هستید و گاهی مانند افراد قمار باز، همه چیز خود را میبازید و به هیچکس اجازه اظهار نظر نمیدهید. در موقعیتهای پیچیده کاملاً دست و پاچه میشوید و تکلیف و وظیفهٔ خود را نمیدانید و بیشتر از این که کمک کنید به دنبال کمک کننده هستید و همین موضوع گاهی تبدیل به یک فاجعه یا ضایعه جبران ناپذیر میشود.

۱۲- در اکثر موارد به دنبال مقصر و متهم هستید و تمایل دارید که از پذیرش مسئولیت خود امتناع کنید.

۱۳ - به طرزی مثال زدنی مهربان و دلسوز هستید ولی اغلب همه از شما گلایه میکنند یا از شما دلخور هستند. مهربانی افراطی به همان میزان آسیب زا است که پرخاشگری دلیل این مهربانی و دلسوزی افراطی، میتواند بیانگر ترس از طرد و تنبیه و رها شدگی در دوران

کودکی باشد

«زندگی» عمریست که اجل در پی آن می تازد

هرکس غم بیهوده خورد می بازد

هر که را بینی به فال بخت خود نا راضی است

کودک و پیر و جوان را شِکوه از این قاضی است!

روزگاران از ازل این بوده و این نیز هست

بی خیال زندگی کن ، زندگی یک بازی است

تقصیر کیه؟ جاییکه «زندگی» میکنیم اسمش خونه است نه دادگاه خانواده: پس هیچوقت از همسرِ خود، نپرسیم که "مقصر" کیست؟ بجای جنگ و جَدَلِ ثابت کردن "مقصر بودن" دنبالهٔ راه حل باشیم: چه فرقی میکند، چه کسی "مقصر" میباشد: مهم این استکه، فکر کنیم چطور میشود، دفعهٔ بعد، بهتر عمل کرده و موثر تر باشیم! تا به روی «زندگی» لبخند بزنیم: تا "لبخند" نزنیم «زندگی» به ما "لبخند" نخواهد زد! این قانون الهی میباشد: که هرچه بکاریم همان را درو خواهیم کرد

بخواهیم: از همین امروز فکر کرده و اراده کنیم؛ زمان رشد کردن حقیقی

ما فرا رسیده: در هر سنی که باشیم، نسبت به شرایط جسمی و سنی! اینطور نیست؟ ما در زمانی از زندگیمان هستیم که هر اتفاقی به ما فرصت رشد کردن را میدهد! زمان رها کردن دلبستگی ها، ترس ها و الگو های نگرشی قدیمی فرا رسیده است! بهترین تمرین در این اوقات برای آرامش، مشاهده کردنِ "احساسات" درونی خود میباشد: این را بیاموزیم و بخواهیم از خودمان به آنچه در درون ما، در حال اتفاق است فقط نظاره گر باشیم: میدانم در شروع، این تمرین برایمان سخت است، اما، وقتی ادامه دهیم خودمان به شگفتی های این تمرین خواهیم رسید.

«هرمان هسه» میگوید: هنوز هم کارهای خوب زیادی برای انجام دادن باقی مانده است... اینکه وقتی دیگران شایعه میسازند، دهانمان را ببندیم! اینکه بدون خصومت به انسان‌ها لبخند بزنیم! اینکه کمبود محبت در جهان را از طریق محبت‌های کوچکتر در زمینه‌های شخصی تر و کوچک تر جبران کرده، به کارمان، ایمان بیشتری داشته باشیم! صبر و حوصلهٔ بیشتری داشته و برای انتقام جویی های حقیر به سراغ نقد دیگران نرویم.

«اکهارت تله» نیز میگوید: "شما" هم در درون و هم در بیرون مسئولیت دارید. اگر بشر درونش را پاک کند، میتواند از آلوده کردن بیرون دست

بردارد.

ترس از شکست گاهی باعث میشود از تغییرات مثبت در زندگی استقبال نکنیم: بخصوص زمانیکه به موفقیت خیلی نزدیک هستیم! بزرگترین محصول و دستاورد زندگیمان «خودمان» هستیم! وقتی فردی ما را آزار میدهد، یا، ما را تحقیر کرده و اجازه نمیدهد، در بهترین حالتی که میتوانیم؛ قرار بگیریم، باشیم: دائما حالمان را میگیرد، دیگر جایی برای "احساساتی" بودن نمیماند! "احساسات" درخور «عشق و مهربانی» است، درخور کسانی استکه اهرم های مثبتی در زندگی ما هستند! "احساسات" خود را برای کسانی نگه داریم که نسبت به ما با (مهربانی، احترام و منزلت) رفتار میکنند! "احساساتمان" را خرج کسانیکه سعی در تخریب ما دارند و نمیخواهند به ما اجازهٔ رشد دهند، هدر نکنیم.

«فردریش نیچه» در کتاب (چنین گفت زرتشت) میگوید: دیوانگی در میان مهربانان بیش از همه جایِ جهان بوده است و مردم هرگز رنجی دردناکتر از زیان ناشی از دیوانگی مهربانان به خود ندیده‌اند: وای به حال عاشقانیکه بر «عشق» خویش چیره نتوانند شد.

روزی شیطان به من چنین گفت: خداوند دوزخی بنام «دوزخ عشق به

مردم» دارد.

سرانجام شنیدم که همین شیطان میگوید: خدا از «عشق» به انسان مرده است.

و «هنری فورد» در کتاب «راز های ثروتمندان» در صفحهٔ ۵۴ چنین گوید: کسیکه دست از یادگیری بر میدارد، پیر است چه بیست ساله باشد چه شصت ساله! هر کسیکه به یادگیری ادامه دهد جوان میماند. بزرگترین چیز، در زندگی این استکه ذهن خود را جوان نگه دارید

همسر خوب

«همسر خوب» همسری است که! (صادق، صمیمی، همراه، همدل، با انصاف، با وجدان، مهربان، محترم، خویشتن دار و بردبار باشد) اگر ما همسر خوب را *حق خود* بدانیم، (تربیت نمیشویم و تربیت نمیکنیم) اما اگر (خوب همسری کردن) را *حق خود* بدانیم، هر لحظه و هر جا میتوانیم حق خود را از زندگی بگیریم! وقتی خوب همسری کردن را حق خود بدانیم، هر لحظه و هر جا میتوانیم با کوچکترین اقدامی دفاع موثری از، حقوقمان بکنیم! وقتی حقوقِ واقعی خود را بشناسیم، باید از آنها دفاع کنیم! آیا با این نگاه تربیتیِ دفاع از حقوق، یعنی تلاش مستمر برای خوب زندگی کردن، نه زندگی خوب داشتن! موافقید؟

در کتاب (تئوری انتخاب) «دکتر ویلیام گلاسر» چنین مینویسد: اگر در آغاز یک رابطه هستید و آن رابطه بتدریج دارد جدی میشود، قبل از آنکه تصویر طرف مقابل به شکل قوی و موثری در دنیای مطلوب شما جا بگیرد به گونه ای که دیگر نتوانید او را همانطورکه واقعا هست ببینید، همخوانی و همگونی نیازهایتان را مورد سنجش و ارزیابی قرار دهید! حتی اگر شخص آنقدر در دنیای مطلوب شما جای گرفته باشد که دقت ارزیابی شما را کم کند، باز هم بهتر است آن را انجام داده،

سعی کنید همانطور که خود را ارزیابی کرده اید طرف مقابل را هم مورد سنجش قرار دهید.

اگر در همخوانی نیاز ها با مشکلی رو به رو شدید، در عین اینکه شدیداً مجذوب و شیفتهٔ یکدیگرید، دربارهٔ آن با هم حرف بزنید: ممکن است «عشق و علاقهٔ» شما به یکدیگر باعث سوء گیری در سنجش شده و از دقت ارزیابی بکاهد اما «عشق و علاقه» در این مقطع بهتر از هر زمان دیگری، میتواند شما را به سوی مذاکره و مصالحه با یکدیگر سوق دهد، قبل از اینکه به کارگیری رفتارهای کنترل کنِندهٔ شما بر روی یکدیگر امکان هرگونه مذاکره را مسدود کند.

«دکتر_جان_گاتمن» در پژوهش هایش مشاهده کرد زوجین شاد، روزانه تقریباً بیست برابر زوجینی که در رابطه ای ناخوشایند قرار دارند، به سمت هم؛ گام های مثبت بر میدارند. پژوهش های بلند مدت، روی افرادیکه به تازگی ازدواج کرده بودند انجام شد. نتیجه آن بود که آن دسته از زوجینی که بعد از شش سال هنوز متأهل بودند در ۸۶٪ بحث ها و گفتگو هایشان به سمت هم قدم بر میداشتند! آن دسته از زوجینی که بعد از شش سال طلاق گرفته بودند، تنها در

۳۳٪ موارد به سمت هم حرکت میکردند! هر باری که ما برای پیوند عاطفی به سمت شریک عاطفی مان گام بر میداریم، در واقع در حال سپرده گذاری در آن چیزی هستیم که «گاتمن» به آن ("حساب بانکی عاطفی") میگوید: وقتی ما لحظات مثبتی را بین خودمان و شریک عاطفی مان خلق میکنیم، مدام بر میزان سپرده مان میافزاییم! همین لحظات کوچک روی هم جمع میشوند، و به هر دو نفرِ ما یاد آوری میکنند که چه احساسی نسبت به هم داریم، و همچنین برای حمایت از یکدیگر چقدر متعهد هستیم! با بخاطر سپردن توصیهٔ «دکتر گاتمن» در مورد ساخت پیوند عاطفی، ما و شریک عاطفی مان احساس میکنیم که شرایط بیش از این تحت کنترل شماست و پایداری رابطه مان را افزایش میدهیم! « کتر گاتمن» اقدامات مثبت را تحت عنوان "به سوی هم رفتن" به اینصورت توصیف میکند: ذهن آگاه باشیم، هشیار باشیم، و در تعاملات کوچکی که میانمان وجود دارد نیز مؤثر رفتار کنیم. وقتیکه ما شرایطی را برای توجه، عاطفه و حمایت ایجاد میکنیم، این رفتار ها میتوانند نتایج شگفت انگیزی ایجاد کنند! ممکن است سئوال ما این باشد: این اقدامات مثبت ما چه چیزی را به طرف مقابل بیان میکند؟ پاسخ «دکتر گاتمن» این است: هنگامیکه ما به سمت شریک عاطفی مان گام مثبت بر میداریم، یعنی به او تفهیم میکنیم، که: (من

به تو علاقه دارم) (من حرف هایت را میشنوم) (من تو را درک میکنم)

(یا میخواهم که درک کنم) (من طرف تو هستم) (من در کنارت هستم) (من میخواهم به تو کمک کنم) (شاید بتوانم یا نه) (من میخواهم با تو باشم) (شاید موفق بشوم یا نه) (من تو را می پذیرم)

***

فهم نفهمیدن

«زندگی» فهم نفهمیدن هاست!

«زندگی» پنجره ای است، باز، به دنیای وجود:

تا که این پنجره باز است، جهانی با ماست!

آسمان، نور، خدا، عشق، سعادت با ماست!

فرصت بازی این پنجره را دریابیم:

در نبندیم به نور! در نبندیم به آرامش پُر مهرِ نسیم!

پرده از ساحت دل بر گیریم! رو به این پنجره،

با شوق، سلامی بکنیم:

«زندگی» زمزمهٔ پاک حیات است، میان دو سکوت!

«زندگی» خاطرهٔ آمدن و رفتنِ ماست!

لحظهٔ آمدن و رفتن ما، تنهاییست!

من دلم میخواهد! قدر این خاطره را دریابم — سهراب سپهری

«جیدو کریشنا مورتی» میگوید: بدون رهایی از گذشته، هیچ رهائی ای وجود ندارد، چرا که، چنین ذهنی هیچگاه تازه، پاک و در لحظهٔ اکنون نیست.

زیاد به حرف مردم گوش ندهیم! یکی از رموز موفقیت این است که، "زمانی نشنویم" "زمانی نبینیم" و "زمانی نگوئیم"! شنیدن حرف مردم تاثیر شگرفی بر رفتار و اعمال ما دارد! در اینجا اشاره به اتفاقی دارم، که حقیقی میباشد! چند نفر از پلی عبور میکردند که ناگهان دو نفر به داخل رودخانه خروشان افتادند: همه در کنار رودخانه جمع شدند تا شاید بتوانند به آنها کمک برسانند: ولی وقتی دیدند شدت آب آنقدر زیاد است، که نمیشود برایشان کاری کرد: به آن دو نفر گفتند که امکان نجاتشان وجود ندارد! در ابتدا آن دو مرد این حرف ها را نا دیده گرفتند و کوشیدند که از آب بیرون بیایند: اما همه دائماً به آنها میگفتند: تلاش شما بی فایده هست و شما خواهید مرد! پس از مدتی یکی از دو نفر دست از تلاش برداشت و جریان آب او را با خود برد! اما شخص دیگر همچنان با حداکثر توانش برای بیرون آمدن از آب تلاش میکرد:

بیرونی ها همچنان فریاد می‌زدند که تلاشت بی فایده هست، اما او با توان بیشتری تلاش میکرد، و بالاخره از رودخانهٔ خروشان خارج شد: وقتی که از آب بیرون آمد، معلوم شد «آن "مرد" نا شنواست» در واقع او تمام این مدت؛ فکر میکرده؛ دیگران او را تشویق می‌کنند.

«ناشنوا باشیم وقتی همه از محال بودن آرزوهایمان میگویند»

آرامش درون، از لحظه ای آغاز میشود، که تصمیم میگیریم به هیچ انسانی و هیچ حادثه ای اجازه ندهیم احساسات ما را تحت کنترل خودش بگیرد! به تاریکی نمیشود برچسب چسباند، زیرا وجود دارد! فقط باید چراغی بیاوریم و آن را روشن کنیم تا، نقاب از چهرهٔ تاریکی برداریم! این در مورد فکر هایمان نیز، صدق میکند، با آنها درگیر نشویم! غُر زدن یک بازی روانی برای خالی کردن انرژی منفی روی فرد دیگر است! بجای غُر زدن، دنبال پیدا کردن راه حل باشیم! در زندگی با افرادی مواجه میشویم که هیچ تلاشی نمیکنند، اما مدام در حال غر زدن هستند، شاکی اند: از افرادی که کلام آنها فقط بوی نا امیدی و یأس میدهد دور بمانیم! «یک سوال مهم» اگر واقعا از وضعیت فعلی خود ناراضی هستیم، پس چرا «هیچ» تلاشی برای تغییر آن نمیکنیم؟ شکایت از وضعیت «زندگی» یعنی شکرگزاری

چندانی نسبت به داشته هایمان نداریم. من فرد ثروتمندی را میشناسم که حاضر است تمام دارائی خود را بدهد ولی بینایی اش را مجدداً به دست آورد! یک ذره از پوست پیاز یا موز میتواند انسان را برای همیشه فلج کند! (اگر مخالف این معامله هستید یعنی هنوز با چشمهایتان کار دارید) سعی کنیم به داشته هایمان فکر کنیم: یقیناً داشته هایمان بیشتر از نداشته هایمان میباشد! آدم فعال و مثبتی باشیم: باور کنیم، برای هر مسئله ای راه حلی وجود دارد. راه حلی که "هنوز به فکرمان نرسیده" میباید! با آرامش و مثبت نگری، داشته های خود را یافته و از آنها لذت ببریم: «مبادا پوست پیاز یا موز» ما را به زمین بکوبد.

هر بامداد که بیدار میشویم، دنبال اتفاقات خوب بگردیم! دنبال آدم های خوبی که حالمان را با لبخند هایشان به روزگارمان سنجاق کنند!
«یک روز خوب اتفاق نمیافتد، ساخته میشود»

ذهن آگاهی

یکي از عواملی که باعث از دست دادن انرژی میشود این استکه ما در طی روز استرس زیادی را تجربه میکنیم، بدین معنی که ما مدیریت بر استرس را نمیدانیم. هرچه با واقعیت هاي زندگی در صلح و پذیرش باشیم نمرهٔ آرامش ما بالاتر میرود و انرژی کمتری از دست میدهیم.

لازمهٔ آرامش ''مراقبه‘‘ و ''ذهن آگاهی‘‘ میباشد و با انجام این تمرین ها ''خود نظاره گری‘‘ بالا میرود و ''تنظیم هیجانی‘‘ صورت گرفته و (هیجان های ما تنظیم میشود)

آیا ما از تک، تکِ چیز هاییکه داریم لذت میبریم؟ با هر آنچه که داریم رابطه برقرار میکنیم؟ اگر از ((شستن یک لیوان، تماشای فیلم، خوردن میوه و بسیاري از موارد کوچک که در طی روز انجام میدهیم لذت میبریم)) یعنی هر لحظه در حال بالا بردن انرژی خود هستیم؟

«''مراقبه‘‘ و تغییر عمدهٔ فیزیولوژیکی آن»

اولین چیزی که در تغییرات فیزیولوژیکی ناشی از «مراقبه» باید مورد

توجه قرار گیرد این است که ضربان قلب پایین میآید. «دکتر بنسون» و همکارانش مشاهده کردند که بطور متوسط سه ضربه در هر دقیقه از ضربان قلب کسانیکه به تفکر ماورایی یا "مراقبه" می پرداختند و داوطلبانه تحت مطالعه قرار گرفته بودند کاسته میشود.

بنابراین کاری که قلب باید انجام دهد کاهش مییابد همچنین سرعت تنفس کم و تنفس آرام تر و موزون تر میشود.

تغییر عمده فیزیولوژیکی که «دکتر بنسون» در کسانیکه روزانه بین ۲۰ تا ۳۰ دقیقه به انجام تمرین "مراقبه" می پرداختند و قبل از هر جلسه تمرین نیز تقریباً همین مدت را به آرامی در حالت نشسته قرار میگرفتند؛ مشاهده کرد: این بود که مصرف اکسیژن افراد مزبور، همچنین میزان سوخت و ساز بدنشان بطور قابل ملاحظه ای نقصان یافته است.

در طول انجام "مراقبه" نیاز بدن؛ به انرژی بسیار کم میشود! شدت سوخت و ساز بدن تا به نقطه ای کاهش مییابد؛ که کاهش در این حد را فقط میتوان در خواب عمیق یا حیوانات در حال خواب زمستانی مشاهده کرد.

الگوی کاهش مصرف اکسیژن در خواب از اُفتی تدریجی و آرام تبعیت میکند و بعد از گذشت پنج شش ساعت به عمق خود میرسد، درصورتیکه در مطالعاتی که روی کسانیکه به "مراقبه" میپردازند انجام شد، ملاحظه گردید که مصرف اکسیژن در همان سه دقیقهٔ اول به زیر نقطه‌ای خواهد رسید که در خواب میرسد و *ضرب آهنگ امواج مغزی* نیز با *ضرب آهنگ امواج مغزی در *حال خواب متفاوت است*

تغییر جالبِ دیگر این است که، از «واکنشِ آرامشی» ناشی میشود نقصان قابل توجه *لاکتیت خون* است! *لاکتیت* ماده‌ای استکه بر اثر سوخت و ساز عضلات بزرگ خون در طول ده دقیقه اول تمرین مراقبه به سرعت سه برابر سریعتر از زمانیکه شخص در حالت استراحت است سقوط میکند

***

حرف بزنیم

از خودمان بپرسیم؟ رابطهٔ ما با اطرافیانمان یکطرفه است یا دو طرفه؟شاید شنیده باشیم، که ارتباط دو طرفه است، اما نگاهی تربیتی نیست! رابطهٔ دو طرفه بر اساس انتظاراتِ ما، است، اما رابطهٔ یکطرفه براساس ارزش هاست! در رابطهٔ یکطرفه ما کارگردان واقعی فیلم زندگیمان هستیم: طبق ارزش ها و از جمله ارزش های اخلاقی امان به خود نقش میدهیم و آن نقش را خالصانه ایفا میکنیم: در رابطهٔ یکطرفه، ما بدنبال (''خوب ارتباط برقرار کردن'' هستیم، نه ''ارتباط خوب'') وقتی دنبال ''ارتباط خوب'' هستیم باید منتظر بنشینیم تا (همسر، پدر و مادر، فرزند، دوست و همسایه ای) خوب پیدا شود تا ''ارتباط خوب'' شکل بگیرد؛ اما در ''خوب ارتباط برقرار کردن'' ما طبق نقش هایمان پیش میرویم: اختیار رابطه با ماست. ما رابطه را پیش میبریم و به این ترتیب، زندگی به فیلمی تبدیل میشود که عاشق آن هستیم! از خودمان بپرسیم؟ رابطهٔ ما در زندگی با نزدیکانمان یکطرفه است یا دو طرفه؟

«بیایید حرف بزنیم» بیایید، بخواهیم: «گفت و شنود» کردن را تمرین کنیم: رابطه ایکه در آن نمیشود حرف زد، نمیشود «گفت و شنود» و «گفتگو» کرد، ”رابطهٔ نا سالمی“ است! در این روابط یکی از طرفین خود را برتر یا بالاتر از دیگری میداند و فرقی هم نمیکند: آن فرد کدام است؟ (زن یا شوهر، رئیس یا کارمند، معلم یا شاگرد، فروشنده یا خریدار، پزشک یا بیمار، پدر یا فرزند، مسئولین یا مردم، و نظیر اینها) هر رابطه ایکه «گفت و شنود» و «گفت و گو» در آن انجام نشود محکوم به بی اعتمادی، سردی، فاصله و از دست رفتن است! نقطهٔ آغاز «گفت و شنود» و «گفت و گو» «باور به برابری» دو طرف است! بنابراین«گفت و شنود» و «گفتگو» کردن را یاد گرفته و تمرین کنیم. از تمرین کردن هراسی نداشته و از همین امروز رفتارمان را با اطرافیانمان دوباره سنجی کنیم! *نمیتوانم وجود ندارد* مگر اینکه، بگوئیم: *نمیخواهم*! با اینکار به گفتار درمانی درونمان بپردازیم: وقتی میگوییم نمیتوانم، انجام کار را برای خودمان غیر ممکن میکنیم! مثلا میگوییم: نمیتوانم سیگار را ترک کنم! نمیتوانم از رابطه بیرون بیایم! نمیتوانم خودم را عوض کنم! نمیتوانم رژیم بگیرم.

در صورتیکه اگر بگوییم: نمیخواهم سیگار را ترک کنم! نمیخواهم از رابطه بیرون بیایم! نمیخواهم رژیم بگیرم! نمیخواهم روی افکار و اعمال خود تجدید نظر کنم! به این معنا استکه، انتخاب با من است و من مسئولیت انجامش را به عهده دارم و اینکار با کمی اراده، قابل انجام است! "تغییر" با انعطاف پذیری، پذیرش مسئولیت و اندکی اراده امکان پذیر است! (هیچ چیز در این جهان بر حسب تصادف نیست) کاری که داریم، همسری که داریم، دوستانی که کنار ما هستند، موقعیت فعلی ما، در آمد، و تمام موارد دیگر را خودمان جذب کرده و میکنیم؛ حال، «آگاهانه یا نا آگاهانه»

برای "تغییر" هر کدام از آنها را، که، دوست نداریم، باید به باورهای خود رجوع کرده و ببینیم، چه اعتقادی در مورد آن داشته و داریم! سپس ارتعاش آن چیزیکه دوست داریم را "تغییر" داده و با به کارگرفتن تمام موارد قانونی، در طی زمان شروع به جذب خواسته های واقعی خود کنیم! ممکن است! روزی نا آگاهانه کسی یا چیزی را، جذب کرده ایم، ولی مهم این استکه، *امروز، آگاهانه* "تغییر" را شروع کنیم

شناخت حقوق واقعی

«شناخت حقوقِ واقعی خود و دفاع از آن» حق ما در زندگی چیست؟ آیا میتوانیم حقوق واقعی خود را بشناسیم؟ حق ما داشتن همسری خوب است یا خوب همسری کردن؟ حق ما احترام دیدن است یا احترام گذاردن؟ حق ما زندگی خوب است یا خوب زندگی کردن؟ آیا به راستی ما با حقوقِ واقعی خود آشناییم و از آن دفاع میکنیم؟ تفاوت حق و میلِ خود را میشناسیم؟ و با این سوألات، چگونه ارتباط برقرار میکنیم؟

(در صورت تمایل، تجربیات خود را برای آگاهی دیگران به اشتراک بگذارید.)

بنده و مریدِ کسی نباشیم! دنبال آدمهای بزرگ بگردیم و سعی کنیم درکشان کرده و از وجودشان توشه بَر گیریم، اما *مرید و واله* کسی نشویم! ما انسانیم و ارزشمان، به ادراک و استقلال عقلی مان است! عقل خود را تعطیل و تسلیم کسی نکنیم! بندهٔ کسی نشویم، هر چقدر

هم طرف بزرگ باشد.

«زندگی» را «زند گی» کنیم!

«زندگی» بوی خوشِ نسترن است:

بوی یاس است، که گل کرده به دیوار نگاه من و تو!

«زندگی» خاطره است!

«زندگی» خندهٔ یک، شاپرک است بر گل ناز!

«زندگی» رقص دل انگیزِ خطوط لب ماست!

«زند گی» شیرین است.

کاری را کنیم که خودمان دوست داریم: حد اقل، این جوری مطمئن هستیم، یکنفر از این کار خوشحال است و به قضاوت بقیه هم کاری نداشته باشیم! آرامش درون، از لحظه ای آغاز میشود، که تصمیم میگیریم به هیچ انسانی و هیچ حادثه ای اجازه ندهیم احساساتِ ما را تحت کنترل خودش بگیرد! "افکار منفی" ما را، از نعمتهایی که حق الهی ماست محروم میکند، هر "فکر منفی" برخواسته از "باورهایی منفی" و باز دارنده از کودکی ماست، آنها را با *باورهای مثبت*

جایگزین کرده و در مسیر زیبا تری گام بگذاریم: «میشود ها را به خودمان بیاموزیم» میشود در هر شرایطی ثروتمند شد! میشود در هر شرایطی موفق شد! میشود در هر شرایطی شاد بود! میشود در هر شرایطی قدردان بود! میشود در هر شرایطی زیبا دید! میشود در هر شرایطی به آرزوها رسید! همه چیز با قدرت ذهن امکان دارد، در جهانی که «زندگی» میکنیم، هیچ چیزی خارج از محدودهٔ قدرتِ ما نیست.

اما یادمان باشد! که در هر زمانی و تحت هر شرایطی حرمت ها را حفظ کنیم! دورانی در زندگی وجود خواهد داشت، که بین عشق و احترام، میباید، یکی را انتخاب کنیم: یادمان باشد، که همیشه احترام را برگزینیم: چرا که؟ «مهر و محبت» بدون احترام دیری نخواهد پائید: اما، احترام میتواند به همراه خود «مهر، محبت و عشق حقیقی و ماندگار» به ارمغان بیاورد.

«اکهارت تله» میگوید: اگر «اکنون» و «اینجا» برایتان غیر قابل تحمل است و شما را نا خشنود میکند: سه انتخاب پیش رو دارید: خود را از این شرایط "کنار بکشید" یا آن را تغییر دهید یا «کاملاً بپذیرید»

«زندگی» زیباست ای زیبا پسند

زنده اندیشان به زیبایی رسند

آن قدر زیباست این بی بازگشت

کز برایش میتوان از جان گذشت

شاخه ها را از جدایی گر غم است

ریشه هاشان دست در دستِ هم است

«زندگی» زیباست، زیبای روان

دَم، به دَم، نو میشود این کاروان

دَم، به دَم، این کاروان تند رو

میرود، منزل به منزل، کو به کو

زنده شو، تا وا رهی از نیستی

گر بمانی ،،،کاروانی ،،، نیستی

و در انتها با نوشته ای از «اکهارت تله» مطلبم را پایان میدهم! سی سال بود که فقیری، در کنار جاده‌ای نشسته بود. روزی غریبه‌ای از آنجا

میگذشت، فقیر همانطور که، کاسهٔ گدایی اش را پیش میبرد، زیر لب گفت: «به من مسکین کمک کنید: غریبه گفت: «چیزی ندارم که به تو بدهم» سپس ادامه داد: «آن چیست که رویش نشسته‌ای؟» فقیر پاسخ داد: «چیزی نیست، جز جعبه‌ای کهنه، که سالیانِ سال رویش نشسته‌ام» غریبه پرسید: «آیا هرگز به درون آن نگاه کرده‌ای؟» فقیر در پاسخ گفت: «خیر، فایدهٔ این کار چیست؟ چیزی درون آن نیست» غریبه اصرار کرد که او نگاهی به درون جعبه بیاندازد! فقیر توانست از شکافِ جعبه، نظری به درون آن بیندازد و با شگفتی و نا باوری دید: که درون جعبه پر از طلاست! و من، آن غریبه‌ای هستم، که چیزی ندارد به شما بدهد، تنها از شما میخواهد، که «"نظری به درون بیندازید"» نه درون جعبه‌ای که در این داستان، به آن اشاره شد: بلکه جایی بس نزدیکتر.

***

خشونت

«خشونت فقط کتک زدن دیگري نیست»

خشونت میکنیم وقتیکه، در رانندگی: به هم، راه نمیدهیم، بدون زدن چراغِ راهنما جلوی هم می پیچیم، عبور اتومبیل خودمان را به عابر پیاده ترجیح میدهیم، وقتی ضرورتی ندارد، بوق میزنیم. خشم و اعتراض مان را با بوق زدن نشان میدهیم، وقتی از دور می بینیم اتومبیلی قصد ورود فرعی به اصلی را دارد سرعت مان را بیشتر میکنیم تا به او فرصت ندهیم.

در خانواده: قهر میکنیم و با دیگران حرف نمیزنیم: بجای اینکه نیازمان را درخواست کنیم، تهدید میکنیم! برچسب هاي منفی به هم میزنیم، تنبیه بدنی (در هر اندازه) میکنیم، مرتب ایراد میگیریم، یا طعنه و کنایه میزنیم: دیگری را طرد، مقایسه، مسخره یا سرزنش میکنیم: در امور شخصی دیگران مداخله کرده، تلاش میکنیم عقیدهٔ خود را بدیگري بقبولانیم: پشت سر دیگری غیبت میکنیم! در مدرسه: تهدید و یا تنبیه میکنیم. مقایسه میکنیم. بین دانش آموزان تبعیض قائل میشویم. دانش آموزي را جلوی بقیه مسخره یا سرزنش و تحقیر میکنیم. از دانش آموزی انتظار خبرکشی از همکلاسیهایش را داریم! خشونت شیوهٔ رایج

ما در روابط است، کافیست چشم خود را باز کرده و ببینیم.

«کریشنا مورتی» در کتابِ (حضور در هستی) دیروز گذشت و حالا روز جدیدی است: بیایید با این روزِ تازه، مانند تنها روزی که وجود دارد، برخورد کنیم، سفر خود را با پشت سر نهادنِ همهٔ خاطرات گذشته آغاز کنیم و برای نخستین مرتبه به درک خود نائل شویم.

آگاهی و آزادی دست در دست یکدیگر دارند! هرچه انسان آگاه تر باشد، آزاد تر است و هرچه آگاهی کمتری داشته باشد آزادی کمتری نیز خواهد داشت! زندان ما، لایه های نا آگاهی ماست.

در خلال «مراقبه» ذهن ناپدید میشود، و آرام، آرام، دورتر میشود! آرام، آرام، تنها صدایی را میشنویم، که از دور دست میاید و ناگهان لحظه‌ای فرا میرسد، که دیگر ذهنی نیست! ذهن رنگ باخته است! ذهن پژمرده است! و آنگاه که ذهنی وجود نداشته باشد و ما، بدون ذهن باشیم، رایحه‌ای دلنواز پراکنده میشود! ما، به خانه میرسیم! به شکوفایی میرسیم! هزاران گلبرگ در وجودمان شکوفا میشوند! رایحهٔ دلنوازِ خود را؛ در هستی می پراکنیم و این همان عبادت است! این تنها هدیه‌ای است، که میتوانیم به هستی بدهیم و تنها هدیه‌ای است که هستی میتواند از ما بپذیرد.مشخص شده استکه وضعیت جسمانی و

حالت چهرهٔ ما تاثیر عمیقی بر سطح شادمانی مان دارد. حالتی قوز کرده با صورتی اخمو، دستورالعملی قطعی برای داشتن احساس کسالت و دمق بودن است! اگر نسبت به درستی این تحقیق علمی شک داشته باشیم، همین حالا خودمان آن را امتحان کنیم، بلند شده، راست قامت ایستاده و لبخند بزنیم، حتی اگر که دلمان نمیخواهد لبخند بزنیم! این روش، نه تنها به مغز ما فرمان میدهد که همه چیز در زندگی و دنیا رو به راه است، بلکه ما را در نگاه دیگران هم جذاب تر میکند – این راهکار، به تنهایی ما را شاد و پرانرژی میکند. این جمله را بیاد بیاوریم:

«آنقدر ادایش را در بیاوریم تا بالاخره احساسش کنیم»

***

ثروتمند

«شاید در بهشت بشناسمت» این جمله، سر فصلِ یک داستان بسیار زیبا و پند آموز است که، در یک برنامهٔ تلویزیونی، مطرح شد.

مجری یک برنامهٔ تلوزیونی که مهمان او، فردی ثروتمند، بود: این سوال را از او پرسید؛ (بیشترین چیزیکه شما را "خوشحال" کرده چه بوده است؟) فرد ثروتمند چنین پاسخ داد: چهار مرحله را طی کردم تا طعم حقیقی "خوشحالی" و «احساسِ خوشبختی» را چشیدم.

در مرحلهٔ اول، گمان میکردم "احساسِ خوشبختی" در جمع آوری ثروت و کالا است، اما این چنین نبود.

در مرحلهٔ دوم، چنین به گمانم میرسید که "احساسِ خوشبختی" در جمع آوری چیزهای کم یاب و ارزشمند میباشد، ولی تاثیرش موقت بود.

در مرحلهٔ سوم، با خود فکر میکردم که "احساسِ خوشبختی" در به دست آوردن پروژه های بزرگ مانند خرید یک مکان تفریحی و غیره میباشد، اما باز هم آنطور که فکر میکردم نبود.

در مرحلهٔ چهارم، *اما* یکی از دوستانم؛ پیشنهادی به من داد، پیشنهاد

این بود که برای جمعی از کودکان معلول صندلی های مخصوص خریده شود و من هم بی درنگ این پیشنهاد را قبول کردم! اما دوستم اصرار کرد با او به جمع کودکان رفته و این هدایا، را خودمان، تقدیم آنان کنیم. وقتی به جمعشان رفتیم و هدیه ها را به آنان تحویل دادیم، خوشحالی که در صورت آن ها نهفته بود واقعاً دیدن داشت.

(کودکان نشسته بر صندلی خود به شادی و بازی پرداخته و خنده بر لب هایشان نقش بسته بود)

اما آن چیزیکه «طعم حقیقی احساسِ خوشبختی» را با آن حس کردم چیزی دیگر بود: هنگامیکه قصد رفتن داشتیم، یکی از آن کودکان آمد و پایم را گرفت! سعی کردم پای خود را با مهربانی از دستانش جدا کنم اما او درحالیکه با چشمانش به شدت به صورتم خیره شده بود این اجازه را به من نمیداد: خود را خَم کردم و خیلی آرام از او پرسیدم: آیا قبل از رفتن درخواستی از من داری؟ *این جوابش* همان چیزی بود که «معنای حقیقی احساسِ خوشبختی» را با آن فهمیدم.

او گفت: میخواهم چهره ات را دقیق بیاد داشته باشم تا در لحظهٔ ملاقات

در بهشت، شمارا بشناسم .

بلی! «بخشنده گی» به هر شکلی، طعم حقیقی "احساسِ خوشبختی" را به ما میچشاند.

***

بازیگر

در هر رابطه ای، فقط یکنفر بوده و در نقش خود، ظاهر شده و بازیگر نقش خود باشیم! (با پدر و مادر: فرزند) (با خواهر و برادر: خواهر یا برادر) (با دوست: دوست) (با همسر: همسر) (با فرزند: مادر یا پدر) (با همکار: همکار)

اگر در یک رابطه، بیشتر از یک نقش بازی کنیم، رابطه از دست ما، در خواهد رفت، زیرا هم طرف مقابل سر در گم خواهد شد و هم خودمان.

خیلی از اوقات ما برای همسرمان، (مادری یا پدری) میکنیم و هم (همسری) در حالیکه این دو نقش با هم بسیار متفاوتند! خانمی میگوید: نمیتوانم از خانه بیرون بروم چون همسرم تنهاست! آقایی میگوید: به خانمم میگویم من خودم هر جا خواستی بروی با ماشینم میبرمت، تنهایی نرو! خانم دیگری به دختر نو جوانش میگوید: من بهترین دوستت هستم، هر اتفاقی میافتد بمن بگو: (هر نقشی تعریف خودش را دارد) یادمان باشد، این (سر_در_گمی_نقش) در روابط ما تنش ایجاد کرده و آن را تخریب میکند.

بدون دخالت های اضافی، اجازه دهیم، هرکسی در نقش خود ظاهر شده و نقش خود را بازی کند: نتیجه اش هر قدر هم سخت باشد، بهتر از دخالت های مداوم میباشد! در کتاب (نگرش، یعنی همه چیز) «جف کلر» مینویسد: که سختی ها چه سودی برای ما دارند "نا ملایمات" چشم بصیرت ما را باز میکنند، دیگر مسائل جزیی و پیش پا افتاده زندگی جلوی چشمانمان نمیآید و چشممان به روی ارزش های حقیقی زندگی باز میشود! "نا ملایمات" به ما میآموزند که شکر گزار باشیم. وقتی با مشکلی مواجهه یا از نعمتی محروم شویم قدر نعمت های «زندگی» را بهتر میدانیم. بیاد داشته باشیم، که ما همواره در جهت افکار غالب خود حرکت میکنیم پس تمرکز بر نعمت ها و به جا آوردن شکر آنها باعث میشود تا نعمات بیشتری وارد زندگیمان شود! "ناملایمات" استعداد نهانی ما را آشکار میکنند. پس از غلبه بر مشکل یا پشت سر گذاشتن مانع، روحیه ما قوی تر میشود! "ناملایمات" ما را تشویق به حرکت و ایجاد تغییر میکنند! "ناملایمات" درسهای ارزشمندی به ما میآموزند! "ناملایمات" دری تازه به روی ما، میگشایند! "ناملایمات" اعتماد به نفس و عزت نفس ما را تقویت میکنند! وقتی همهٔ شهامت و ارادهٔ خود را برای غلبه بر مانعی بسیج کنیم، احساس شایستگی و اعتماد به نفس در ما ایجاد شده، این احساسات مثبت باعث میشوندر

آینده از دلگرمی و قوت قلب بیشتری برای انجام امور برخوردار شویم..
دور زدن انتقاد یکی از راهبردهای مقابله ای مهم، برای کنار آمدن با هر فردِ انتقادگر بوده و، توجه هوشیارانه مؤلفهٔ کلیدی "دور زدن انتقاد" به شمار میرود! وقتی در تعامل با فردِ انتقادگر، هستیم، توجه هوشیارانه چه کمکي به ما میکند؟ باید با دقت به آنچه شخصِ انتقاد گر میگوید: گوش فرا داده، به تک، تکِ، کلمات او، گوش کرده و سعی کنیم: برای نشان دادن واکنش، اصلاً، عجله نکرده، نفسِ عمیقی کشیده هرگز، حالت تدافعی نگرفته و، صداي گفتگوی درونی خود، را محترمانه خفه کرده و از حملهٔ متقابل به او اجتناب بورزیم! حملهٔ متقابل فقط بر ناخوشایندی رابطه میافزاید و اوضاع را بدتر میکند. تحت هیچ شرایطی از خودمان بدگویی نکنیم: معمولاً اطرافیان اگر چیزی به ما میگویند: همان حرف های خودمان میباشد و ایراد هائیکه خودمان از خودمان، گرفته ایم.دوم اینکه به خودمان، اهمیت بدهیم، مطالعه کنیم، همایش های افزایش اعتماد بنفس را، برویم: بهترین غذاها رو بخوریم، ورزش کنیم، میهمانی رفته و مثبت فکر کنیم! اینجوری هم خودمان و هم، ذهنیتمان عوض میشود و هم در نظر اطرافیان ارج و قربت خود را بالا میبریم

سایه بان

دلش شکست اشکی به پهنای تمام خطوط پر نقش و نگار روزگار از گونه ی سرخش به پایین چکید. طفل سر را بالا برد اشک مادرش را مزه مزه کرد که تشنه در گوشه ایی خزیده بود. گفت چقدر تشنه بودم . مادر که چتر خودش را گشود تا طفل از آن آتش شعله ور شده ی کوره ی همسایه در امان بماند خاطره و دردهایش را گلوله ی اشکی می کرد تا طفل سیراب شود. طفل هیچگاه نگران نبود چون می دانست همیشه آب دارد همیشه همه جا سایه و خنکی است. تا این که یک روز باغبان شاخه را از باغچه چید .ناگه غنچه سرش را بالا برد دیگر نه آبی بود نه سایه ایی. بالای سرش شعله ی تنوری می سوخت. تازه آن زمان بود که فهمید در تنهایی هیچ کس سایه بانش نخواهد شد

بذر طاقت

روز دیگر پرده ی بی جان تاریکی را در هم نوردید و خود را به جلوه ی آرامش روزگار وصله زد. دوخت ریشه ی خاطره را به خاک وجودی طاقت. دل سرآغازی شد برای غنچه ی کوچک. طاقت صرف کرد خاطره و خاطره شد بذر طاقت برای دلدادگی. در همان روز آن طرف تر یک رود کوچکی بود که شد راه سرنوشت غنچه و او را با خود برد. تا شاید روزگار در جایی به دلدادگی رسیده باشد که بخواهد غنچه را در کاسه ای تحویل آب دهد

صداقت

من در زمین خانه ایی دارم از جنس صداقت. دیوارهایش را آرزوهای آدمی از جنس خشت می سازد. چراغ خانه ام ستاره گانی هستند که هیچ گاه خاموش نمی شوند. بخاریش کوره ی بزرگی است که هر روز با گرمای خود به من امید زندگی می دهد. آدمی از خشت وارد این منزلگه شد اما آیا وسعت و عظمت منزلش را فراموش کرده؟ یا از خشت بودن خودش را؟

خوش بینی

(”خوش بینی“ یعنی «قدرت») این رازی استکه تمام انسانهای «موفق» و بزرگ تاکید دارند و با رسیدن به آن توانسته‌اند موانع بزرگی را پشت سر بگذارند! «نلسون ماندلا» «ارنست شاکلتون» و «النور روزولت» متفق‌القول هستند که فقط توانایی تمرکز روی جنبهٔ مثبت هر چیز وسیلهٔ عبور آنها از لحظه‌های سخت زندگی بوده است.

یکی از رازهای اصلی افراد «موفق» لذت بردن از کاری استکه انجام میدهند و منبع این لذت، انجام دادن کاری استکه، به آن علاقمند بوده و، در آن مهارت دارند! زیرا همه از انجام کاری که، در آن مهارت دارند لذت میبرند.

از خودمان بپرسیم؟ آیا، تا به امروز، دیده ایم که شب باقی بماند؟ یا طوفان تمام نشود! سر بالائی خیابان همیشه ادامه پیدا کند؟ باران مدام ببارد؟ هوا همیشه سرد، یا گرم بماند؟ خوشی یا، نا خوشی، دائمی باشد! سلامتی و بیماری، شادی و غم، و خیلی چیز های دیگر، دائمی بوده اند؟ هر کدام از این شرایط سخت، با یک درس مهم برای ادامهٔ زندگی به پایان میرسد، کافیست: در هر شرایطی، ایمان و امید، هدف و قدرتِ خودمان را، از دست ندهیم.

در خود اندیشیدن و در خود فرو رفتن لازم است، اما نه به این شکل که انسان در خود فرو رود و از عالم بیرون غافل شود. بهمان اندازه که اشتغال محض به بیرون و غافل شدن از درون خطرناک است، در خود فرو رفتن و از بیرون غافل بودن هم خطرناک میباشد! انسان هم "جنبهٔ درون" و هم "جنبهٔ بیرون" دارد! "هم بدن" و "هم روح" دارد! که هر دو محتاج غذا هستند! انسان بهمان اندازه که به بیرون میاندیشد و باید اشتغال های بیرون و جهان پیرامون را بشناسد، باید جهان درون خود را هم بشناسد، پس باید فرصتی برای درون اندیشی داشته باشد! کسانیکه در "درون فرو میروند" و از "بیرون غافل هستند" به جایی نمیرسند و خود را در حصاری زندانی میکنند! کسانیکه "فقط به بیرون میاندیشند" و از "درون غافل هستند" هم مثل حیوان زندگی میکنند و اصلاً به شخصیت خود واقف نیستند! انسان باید (تعادلی بین *درون* و *برون* برقرار کند) و به همان اندازه که باید جهان پیرامون خود، را بشناسد، باید جهان درون را هم به درستی بشناسد! این انسان، انسان معتدلی است که میتواند راه کمال را طی کند.

گاهی به زمان کودکی خود بیاندیشیم و ببینیم: بچه که بودیم، با چه چیز هائی خوش بودیم؟ بچه که بودیم، ثانیه به ثانیه لحظه ها را زندگی میکردیم! لذت هایمان را با تغییر فصل ها منطبق میکردیم! تنها

غصه مان صبح شنبه و مشق های تلنبار شده بود! بزرگتر که شدیم، لحظه‌ها،ثانیه‌ها و ساعت ها بی ارزش شدند! زندگی کردن یادمان رفت! آغوش مادر یادمان رفت! یادمان رفت، روزی میرسد که دستهایمان بهانهٔ دست های پینه بستهٔ مردی را میگیرند، که جوانیش را سختی ها دزدیده اند! یادمان رفت، خیس شدن زیر باران همان لذت بچگی را دارد! یادمان رفت، تمامی زیبائی های کودکی! دریغ و افسوس،،، هیچ چیز و هیچکس، روزهای رفته را برایمان هدیه نمیآورد.

پاک کنیم از زندگی خود، هر آن کسی را که جز درد و شکنجهٔ روحی، برای ما چیزی ندارد! همان کسانیکه انگار متولد شده اند تا برای جهان بارِ منفی به ارمغان بیاورند! گاهی با خود، این را مرور کنیم؛ آیا ارزش واقعیِ ما، هم نشینی و هم صحبتی با اینجور آدم هاست؟ در مواجهه با چنین کسانی، خودمان را برداشته و دور شویم: اینها فقط دلیلِ حالِ بد در ما، میشوند! لحظه هایمان را از آدم های مثبت پر کنیم: همان هائیکه ما و ارزشمندی های ما، را باور دارند: این افراد را هرگز از دست ندهیم! اینها بطور عجیبی به ما انگیزه و انرژی مثبت، تزریق میکنند و ما را به سمت موفقیت سوق میدهند! آرزو میکنم زندگیمان پر باشد از این آدم های واقعی و دوست داشتنی که انصافاً بهترین انسان ها هستند

بلوغ

(«بلوغ روانی» چیست)؟ «بلوغ» یعنی آنکه تلاش برای "تغییر دیگران" را متوقف ساخته و بر خویش متمرکز شویم! «بلوغ» یعنی دیگران را همانگونه که هستند بپذیرید «بلوغ» یعنی به این درک برسیم که هر کسی از دیدگاه خودش درست است! «بلوغ» یعنی قدرت آنکه بتوانیم، رها کرده و بگذریم! «بلوغ» یعنی بجای انتظارات پی در پی از یک رابطه؛ "سخاوتمندانه" برای آن تلاش کرده، بخشیده و آنرا بسازیم! «بلوغ» فهم این واقعیت استکه هر آنچه کرده ایم؛ فقط از برای خود و آرامش مان بوده است! «بلوغ» متوقف کردن مسیری استکه در آن بکوشیم که خود را برتر نشان بدهیم و بجای آن بر نقاط مثبت دیگران متمرکز بشویم! «بلوغ» یعنی آنکه بدنبال تایید دیگران نبوده و خودمان را با کسی مقایسه نکنیم.

«بالندگی» در پذیرش خویشتن است، همانگونه که هستیم و درک این

نکته که تا هنگامیکه خود را نپذیریم هیچ "تغییری" رخ نخواهد داد.

یکی از مشکلات رایجِ «زندگی» در این روز ها، این استکه زوجین احتمالاً ساعات کاری زیادی را بیرون از خانه صرف کار و قرارهای کاری میکنند: این ساعاتِ زیادِ کاری، میتواند مشکل ساز شود چرا که به مرور باعث جدایی عاطفی زوجین از یکدیگر و حتی از فرزندان میگردد: برای جلوگیری از ایجاد چنین وضعیتی برخی از وقت های آزاد خود را برای بودن با همسرمان برنامه ریزی کرده، تلاش کنیم! توجهی را که مورد نیاز همسرمان است را، از وی دریغ نکنیم.

فراموش نکنیم: که، بخش عمدهٔ تعطیلات اواخر هفته را به خانواده مان اختصاص داده، به فرزندان خود «عشق» بهمراه احترام بیاموزیم: «عشق» بدون احترام سرانجامی نداشته و نخواهد داشت.

***

ترس از تنهایی

«ترس از "تنهایی"» برخی اوقات به سرعت و شتاب در حال شنا در یک رودخانهٔ خشک هستیم و میخواهیم هر چه سریع تر، به «عشق» رسیده و رابطه برقرار کرده و از تنهایی نجات پیدا کنیم؛ چون به شدت از تنهایی میترسیم و در برابر تنهایی، احساس درماندگی و ناتوانی میکنیم! نیاز عمیق و شدیدی بصورت یک عطش روانی برای ایجاد یک رابطه و عشق (و یا در شکل تبدیل یافته خودش مثل سکس) در خودمان احساس میکنیم: ولی، غافل از این هستیم که این نیاز ، سرابی بیش نیست و اصل اساسی و مهم در این استکه بتوانیم با شجاعت تمام، تنهایی را پذیرفته، فردیت خود را، قبول کرده و با تنهایی رو، به رو، شویم! باید بتوانیم به خودمان ثابت کنیم، که حتی تنها و بدون رابطه هم میشود شاد و خوشحال بود.

تمام رشد، تکامل، استقلال و متکی به نفس بودن، در این جدایی و رو یا روییِ شجاعانه با تنهایی، نهفته است...

مثل کودکی که مادر با بیرحمی تمام، بند نافش را، در هنگام تولد میبرد، ما هم باید این بند ناف روانیِ «نیاز به بودن دیگری“ را از وجودمان پاره کنیم! در آن زمان استکه اگر با کسی هستیم از روی نیاز نیست، بلکه از روی اشتیاق میباشد! در آن وقت استکه توانایی عشق ورزیدن سالم را پیدا میکنیم.

شرط لازم برای داشتن «عشق سالم» پذیرفتن و برخورد فعالانه، شجاعانه و بدون ترس از «احساس تنهایی» است.

هیچ رابطه ای قادر به از میان بردن تنهایی نیست..

من معتقدم اگر بتوانیم موقعیت های تنها و منفرد خویش را در هستی بشناسیم و سرسختانه با آنها روبرو شویم، قادر خواهیم بود رابطه ای مبتنی بر عشق و دوستی با دیگران برقرار کنیم: در صورتیکه اگر در برابر فشار تنهایی، وحشت بر ما غلبه کند، نمیتوانیم دستمان را بسوی دیگران بگشائیم، بلکه باید دست و پا بزنیم تا در دریای هستی غرق نشویم.

(روان درمانی اگزیستانسیال) نوشتهٔ «اروین یالوم» ختمی تک برگ، شوگرین فالس.

انتخاب

متاسفانه، بسیاری از ما «انسان ها» موجوداتی هستیم که بدون انتخابِ هیچ راهی، از ترسِ اینکه مبادا، سرانجام گم شویم دروازه‌ها را به روی خود می‌بندیم: اما، میباید: شروع را، از یک راهی آغاز کنیم! (مرگ راهی دیگر است که، بدون انتخاب ما سر میرسد)

بنابر این، دوستان من، تا زنده ایم: راه ها مدام ما را صدا میزنند: راه ها ما را به مقصدی که خود میدانند میبرند: ولی انسان میتواند بر سرگردانیش آنچنان چیره شود، که اگر راهی بسته بود به راه دیگری برود: وقتی گم شد، همان مکانی را که در آن ایستاده: شروعِ راهی تازه بداند، فقط کافی استکه در "روزمره گی" «زندگی» خود، گَرد و خاکی به راه انداخته و تحول ایجاد کنیم: حتی اگر بنا باشد که راهی تازه ایجاد کنیم.

احساساتی که ما را غرق در "خود" میکنند، آنهایی هستند که از «ترس» میآیند؛ و احساساتی که به ما انرژی بیشتری میدهند، آنهایی هستند که

از «عشق» میآیند.

" زباله های درون» خود را بیرون بیاندازیم: بوی رایحه خوش از کسیکه "زباله حمل میکند" به بیرون تراوش نمیکند! تا زباله‌ها را دور نریزیم و خودمان را نشوییم: این بو، هم "خودمان" هم "دیگران" را آزار میدهد: "زباله‌های درون" این چنین است: باید آنها را از وجود خود بزداییم: "زباله هایی" همچون: ("منیت" "حسادت" "حرص" "کینه" "تعصب" "خشم" رقابتِ غیر عاقلانه" "مقایسه" "تنفر" و "امثالهم")

(مراقبه و آگاهی) ما را به پاکسازی درونی سوق میدهند و «عشق» ما را خوشبو میکند.

اگر به دیگران اجازه دهیم بیشتر از اینکه بازدهیِ مثبت به زندگیمان بدهند، از آن کسر کنند، تعادل زندگیمان بر هم خورده و بدون اینکه بفهمیم اسیر منفی بافی خواهیم شد! نظرات بی فایده و آزار دهندهٔ دیگران را نا دیده بگیریم: هیچکس حق پیش داوری کردن در مورد ما را ندارد و نباید اجازهٔ دخالت به کسی بدهیم! ممکن است دیگران، داستان زندگی ما را شنیده باشند: اما مطمئناً نمیتوانند حس و حالمان را درک کنند: ما نیز، هیچ کنترلی روی حرف های دیگران نداریم؛ اما کنترل اینکه به آنها اجازه بدهیم این حرف ها را به ما بزنند یا نه؛ دست

خودمان است! ما میتوانیم حرف های مسموم آنها را رد کنیم تا به ذهن و فکرمان آسیبی نرسانند. گفته ای از «دبی فورد» تسویه حساب کردن با گذشته، به این معناست که ما باید هرگونه کار نا تمام در رابطه با (هر شخص، پروژه یا فعالیتی) را که با آن درگیر بوده‌ایم، را به سرانجام برسانیم! ما نمیتوانیم زندگی جدید خود را روی ستون های سست گذشته؛ کارهای نا تمام؛ قرارداد های لغو شده و کلاً مسائل حل نشده بنا کنیم. اگر بدون حل مسائل مربوط به گذشته، یا اتمام کارهای نا تمام بخواهیم به سمت آینده حرکت کنیم، به احتمال زیاد دوباره خود را در همان گذشته و با همان شرایط پیدا خواهیم کرد.

نوشتهٔ «یالوم» در کتاب (دژخیم عشق) کافیست، دلیل زندگی کردنمان را بدانیم، آن زمان استکه، میتوانیم به تمام سختیها غلبه کنیم! اولین گام ِ مهم در کارِ درمان این استکه بیمار مسئولیت گرفتاری هایش را بپذیرد! تا زمانیکه بیمار معتقد باشد که مشکلاتش ناشی از عوامل بیرونی است، روان درمانی تاثیری نخواهد داشت.

و «کارل گوستاو یونگ» میگوید. انسان نسبت به شخصیت خود همیشه در وضعیت جهل قرار دارد. او برای آشنایی با خود، به دیگران نیاز دارد.

ما خیلی قوی تر از آن چیزیکه فکر میکنیم، هستیم! باید، با گذشتهٔ خود در صلح باشیم.

شرایط حال حاضرمان را، دوست داشته و مشتاق آینده باشیم.یکی از زیباترین حرف ها را «سیمون دوُبُوار» نویسندهٔ محبوب من میگوید: در جامعهٔ سنتی، درب های کارخانه ها، اداره ها و دانشکده ها را به روی زنان باز میکنند، ولی همچنان بر این عقیده‌اند که ازدواج برای زنان محترمانه ترین کسب و کار است.

بیائید از همین الان، تصمیم بگیریم: *برچسب ها* را جدا کنیم: یکی از دشوارترین درس هاییکه برای ایجاد "تغییرِ" موثر در «زندگی» را باید به بهترین وجه بیاموزیم، این استکه یاد بگیریم اگر چیزی با خواست ما همخوانی ندارد به آن *برچسب* «بد» نزنیم! هر چه از *برچسب* های کمتری استفاده کنیم، در کنترل و مدیریت زندگی خود موفق تر خواهیم بود.

خلوت دل

«دل که تنگ است کجا باید رفت؟»

به در و دشت و دمن؟

یا به باغ و گل و گلزار و چمن؟

یا به یک خلوت و تنهایی امن؟

«دل که تنگ است کجا باید رفت؟»

پیر فرزانه من بانگ برآورد: که این حرف نکوست،

دل که تنگ است برو خانه دوست...

شانه اش جایگه گریهٔ تو، سخنش راه گشا،

بوسه اش مرهم زخم دل توست،

عشق او چارهٔ دلتنگی توست..

دل که تنگ است برو خانه دوست.. خانه اش خانه توست...

باز گفتم: خانه دوست کجاست؟

گفت: پیدایش کن، آنجا که پر از مهر و صفاست

صبح امروز کسی گفت به من:

تو چقدر تنهایی! گفتمش:

در پاسخ، تن من گر تنهاست،

دل من با دل هاست:

دوستانی دارم بهتر از برگ درخت،

که دعایم گویند و دعاشان گویم،

یادشان در دل من، قلبشان منزل من.

صافی آب مرا یاد تو انداخت، رفیق!

تو دلت سبز، لبت سرخ، چراغت روشن!

چرخ روزیت همیشه چرخان! نفست داغ،

تنت گرم، دعایت با من! روزهایت پیِ هم خوش باشد .فریدون مشیری

سرعت زندگی

بعضی مواقع میباید آرام گرفته، نشسته و کمی هم فکر کنیم: نگاهی به دور و بر بیاندازیم، شاید دیگر برنده شدن در تمامی مسابقه ها، ارزشش را، برای خودمان از دست بدهد: شاید به این نتیجه برسیم، که سرعت مان، در مسیر زندگی، از حدش گذشته: شاید بفهمیم که برای هیچ و پوچ داریم سرعت میگیریم. شاید بفهمیم که زندگی کوتاهتر از آنی استکه تمامش را در مسابقهٔ تاختن بگذرانیم.

بعضی لحظه‌های زندگی را باید مزه مزه کرد، حتی تلخی هایش را؛ بعضی ها را باید آهسته، آهسته تجربه کرد! سرعت زیاد، گاهی موجب سرنگونی در حرکت ماشین زندگیست.

خیلی نگران بهترین بودن نباشیم! «هلن کلر» چقدر زیبا گفته: "شخصیت فردی" افراد، هیچگاه نمیتواند در آسانی و رفاه شکل بگیرد؛ تنها از طریق "تجربهٔ رنج و تلاشِ معقول" *روح* میتواند قوی شود، بلند همتی ترغیب شود و موفقیت حاصل گردد.

یا «دبی فورد» میگوید: بیشتر اوقات، افراد، چهره‌ای را به دیگران نشان میدهند که نقطهٔ مقابل درون آنهاست.

بعضی از مردم *زره* ای از بی رحمی میپوشند تا حساس بودن خود را پنهان کنند و برخی نقابی از شوخ طبعی میزنند تا غمِ خود را بپوشانند، بعضی ها آنقدر میدوند و سرعت میگیرند، تا نا رضایتی های گذشتهٔ خویش را تامین کنند و نمیدانند، مردمی که میخواهند، خود را، عقل کل نشان دهند، معمولا احساس نادانی میکنند و افرادی که رفتاری متکبرانه دارند، در درون احساس نا اَمنی دارند.

افراد سطح بالا، احساس درونی متعلق به طبقه پایین بودن خود را می پوشانند و با چهره ای متبسّم، چهرهٔ خشمگینِ خود را پنهان میکنند.

به آن سوی نقاب های اجتماعی خود بنگریم تا وجود اصلی خود را پیدا کنیم و به رضایت درونی دست یابیم.

اینقدر تلاش برای قهرمانی را فراموش کرده، همانگونه زندگی کنیم، که کودک درون خود را راضی نگه داریم.

هر شخصی باید به فردیت خودش برسد تا این فردیت در کل، بصورت هستی یکپارچه نمایان شود. اینکه کجای کار یک فرد غلط یا درست هست در «بی عیب و نقص بودن اعمال فرد“ مشخص خواهد شد.

فرش

برای بافتن •فرش• از ”تار و پود“ استفاده میکنند! نخ هاییکه در طول و عرض در هم فرو رفته، زیر و رو میشوند تا •فرش• بافته شود: •فرش• غیر از ”تار و پود“ چیز دیگری نیست! به هم بافته شدنِ ”تار و پود“ آن نقش های زیبا و چشم نواز را بوجود میاورد. اگر ”تار و پود“ ها، از هم جدا شده و از در هم تنیدگی در بیایند، دیگر •فرشی• در کار نخواهد بود.

«زندگی» هم درست مثل یک قطعه •فرش• میماند! ما در طول زمانِ حدوداً ۶۰ یا ۷۰ ساله مان •فرشِ• «زندگی» خودمان را می بافیم: (یکی رو یکی زیر؛ یکی رو یکی زیر) اوقاتیکه در خوبی و خوشی سپری میکنیم در حال تنیدن و بافتن ”تارِ“ زندگیمان هستیم! به سمت بالا و اوج حرکت میکنیم،،، صعود میکنیم،،، رشد میکنیم،،، جلو میرویم،،،

زمانیکه غم و اندوه را تجربه میکنیم، شکست ها و تلخی ها را می چشیم؛ (در حال بافتنِ ”پود“ زندگی هستیم) به طرف بالا نمیرویم. در عرضِ زندگی سیر میکنیم. ”پود“ ها را در لابه لای ”تار“ ها می تنیم.

هیچ «زندگی» ای، بدون "تار و پود" های «زندگی» نمیشود! هیچ •فرشی• بدون "تار و پود" •فرش• نمیشود. جهان درست مثل یک دار قالی میماند که *تک؛ تکِ* انسان ها همچون •فرش• هایی روی آن قرارگرفته و در حال بافته شدن هستند! (یکی رو یکی زیر) "تار و پود" (شکست و پیروزی) (غم و شادی) و غیره! همه متضاد ها جمع، و در هم *تنیده* شده اند! البته فرصتِ *رفو* هم هست. هرجا که "تار و پود" از هم جدا شده اند یا سوختگی و پوسیدگی هست؛ میشود *رفو* کرد، بازسازی کرد.

آنچه که در آخر میماند یک قطعه •فرش• زیبا و قیمتی است! نکند یک وقت قبل از تمام شدنِ طرحِ فرش خود، تیغ کشیده و طرح را نصفه و نیمه رها کنیم! باید تا آخرش ماند و "تار و پود" ها را نیمه کاره رها نکرد! به "تار و پود" زندگی خودمان افتخار کرده و بدانیم که هر انسانی، نقش و طرح خودش را بر روی •فرشِ• زندگیش میزند و طرح ها منحصر بفرد، خاص، غیر قابل مقایسه و تک هستند! امیدوارم "تار و پودِ" زندگیمان در هم تنیده باد

یادمان باشد: "هرگز و هرگز" ما، حق نداریم! عملکردِ گذشته مان را، با شعور و خرد امروزمان قضاوت کنیم.

آیا توانمندی های فیزیکی و داشته های آن روزمان، با توانمندی ها و داشته های امروزمان یکیست؟ کمی به این بُعدِ زندگیمان هم توجه کنیم! متاسفانه، هر وقت در شرایط دشوار، خستگی‌های جسمی، روحی و لحظاتِ سخت زندگی قرار میگیریم، نا خود آگاه، شروع به مقایسهٔ کارها، اشتباهات و گذرگاه های تاریکِ گذشته را میکنیم: همراه با *درد و زجر* احساس ندامت کرده و در حال مشاهدهٔ آن با خرد و شعور امروزمان میشویم و اینجاست که، ممکن است خطایی در ذهنمان به وجود آمده، مثلا بخود بگوییم: باید پخته تَر عمل میکردم؛ باید منطقی تَر فکر میکردم؛ باید بیرحمانه تَر، با خودم روبرو میشدم؛ باید بزرگ منشانه تَر رفتار میکردم؛ باید اینهمه خودم را خسته نمیکردم؛ باید بیشتر تحمل و ایستادگی میکردم؛ چرا اینقدر کودکانه رفتار کردم؟ چرا اینگونه بودم؟ چرا؟ اینهمه، جانِ خود را نثار مهر ورزی و خدمت به دیگران کردم؟ (چرا ها و چرا های دیگر)

اینها دروغی بیش نیستند، ما حق نداریم با شعور و خرد امروزمان، دیروزمان را قضاوت کنیم! این پختگی امروز ماست. فراموش نکنیم، که ما در دیروز بهترین کاری را که شعور و خردمان حکم میکرد و موجب خُرسندی مان شده است، را انجام داده ایم، در آن زمان هم بی خرد، نبودیم و کاری را انجام داده ایم، که فکر میکردیم بهترین است و

کاری غیر از آن از دستمان بر نیامده.

با تمام صداقتم به شما میگویم: باور کنید، در هر دوره از زندگیم، تمام تلاشم را کرده و در همان لحظه کلی لذت برده ام، شاید کار هائیکه درگذشته کرده ام، الان برایم مسخره جلوه کنند، ولی زمانیکه به گذشته بر میگردم و احساس آن روزم را بخاطر میاورم، میفهمم، که چقدر لذت برده ام.

بنابراین باید بخاطر بیاوریم، که در آن زمان چه احساسی پیدا کرده بودیم! و بدانیم، ((بیشتر از این نمیتوانستیم و نمیدانستیم)) این ناعادلانه است که با شعور و خرد امروز، گذشته مان را زیر سوال ببریم؟ چرا که پختگی امروزمان را مدیون عملکرد همان گذشته هستیم و مطمئناً در آینده نیز به رفتار امروزمان خرده خواهیم گرفت.

یکی از موضوعات بسیار مهمی که سال هاست توجه جامعهٔ روانشناسی را بخود جلب کرده، موضوع «کشف و شفای کودک درون» میباشد. جالب استکه با وجود اینهمه تاکید، باز هم ما انسان ها در جستجوی راه حل بسیاری از مشکلات خود، در جایی بیرون از خود میگردیم ولی باید بدانیم، که پرداختن به موضوع «کودک درون» بسیار ضروری میباشد! ریشهٔ بسیاری از انواع خشونت ها، اعتیاد ها، نگرانی ها، دل

شوره ها، ترس ها، استرس ها و حتی تعداد زیادی از بیماری ها سوال اصلی این استکه؛ چگونه میتوانیم: جهان خود را بر پایه و اساس

متزلزل کودکی وحشت زده و منزوی بنا نکنیم که نیازهای اساسی اش هیچگاه برآورده نشده است..میباید متوجه شویم که به راستی این کودک که در درون ما زندگی میکند، کیست؟ چرا در درون ما به دام افتاده است و چه چیزی را میتواند به ما هدیه دهد؟ چگونه میتوان این کودک را آزاد و رها کرد! هرگاه بتوانیم کودک درون خود را شناخته و با آن به صلح و دوستی برسیم، دیگر نه تنها امروز خود را با دیروزمان مقایسه نخواهیم کرد، بلکه، به این نتیجه خواهیم رسید، اگر زندگی در هر لحظه موجب رضایت خاطرِ ما بوده، پس مشکلی نیست و بدانیم، تجربه ها و زمین خوردن های گذشته ما را اینچنین قوی ساخته اند.

***

عشق

باید بدانیم که «عشق» کلید است: و در هر کاری که انجام میدهیم یا در هر چیزی که آرزویش را داریم «عشق» نقش کلید را داد: قلب ما راهی استکه انرژی زندگی از طریق آن در وجودمان جاری میشود.

بنابراین آن را بگشاییم و به خود اجازهٔ احساس کردن بدهیم: قلبی که آمادهٔ پذیرفتن است، زندگی باشکوه تری را تجربه کرده و به جزئیات ظریف هر موقعیتی توجه میکند.

«آنتوان چخوف» چقدر زیبا گفته: درست ترین شکل «عشق» آن استکه ما چگونه با یک فرد رفتار میکنیم؛ نه اینکه دربارهٔ وی چه احساسی داریم.

(دیکشنری «عشق» در یک زندگی مشترک)برای ادامهٔ «عشق» در زندگی «احتیاج به روابط عاطفی پایدار داریم»

وقتی زوجین شناخت شان از یکدیگر را بیشتر و پیوندشان را عمیق تر میکنند، آنها چیزی را میسازند که دکتر ها «جولی و جان گاتمن» به آن عناصر پایدارِ، "پایه های زندگی مشترکِ «زندگی»" میگویند: و

بر این باور هستند که متشکل از نُه بلوک اساسی است، که سه حوزهٔ اصلی آن(”دوستی“ ”تعارض“ و ”معنای مشترک“) میباشد! به این عناصر (”پایه های زوج درمانی گاتمن ها“) میگویند: و من به آن (خانهٔ روابط پایدار) میگویم: این خانه از چندین «طبقه» و «دیوار» تشکیل شده است.

طبقات آن عبارتند از ساختنِ نقشهٔ عشق، تحسین و مهرورزی نسبت به یکدیگر، گام برداشتن به سوی هم، دیدگاه مثبت، مدیریت تعارض، تحقق بخشیدن به رویای یکدیگر و ایجاد معنای مشترک! و دیواره های اصلی این ساختمان (”اعتماد» و «تعهد») است! در مورد هر کدام از این عناصر توضیحات بیشتری ارائه خواهد شد.

تحسین و مهر ورزی زوجین، یکی از طبقاتِ زیرینِ (خانهٔ روابطِ پایدار) را تشکیل میدهند! به اینصورت که، زوجین، نسبت به یکدیگر ابراز عاطفه و بیان قدرشناسی داشته و آن را به زبان میاورند: مثلاً (من به نحوهٔ رفتارت در جمع افتخار میکنم) یا (من قدردان مهربانی و حمایت گری تو در بین دیگران میباشم)

این طبقه روی فرهنگ مهر و منزلت در رابطه و کمک به ساختنِ چهار

چوبِ ذهنیِ مثبت متمرکز است! در این طبقه زوجین نه تنها نسبت به هم احساسِ محبت و قدرشناسی دارند، بلکه آنرا ابراز هم میکنند. این سطح همچنین پاد زهرِ رفتار تحقیر و اهانت است بسیار مهم استکه بتوانیم ویژگیهای مثبتِ شخصیتیِ شریک عاطفی مان را تصدیق کنیم. بسیاری از اوقات که افراد از دیگری غمگین و آزرده هستند توجه شان را بر جنبه های مثبتِ او و، همچنین ابعادِ مثبتِ رابطه از دست میدهند: اگر بتوانیم حتی زمانیکه از خطاهای دیگری آزرده هستیم، ویژگیهای مثبت او را به خودمان یادآوری کنیم، از زوال و به خطر افتادنِ رابطهٔ شاد جلوگیری خواهیم کرد.

***

خوشحال

«بخواهیم: *خوشحال بودن* را، به *پیروز بودن* ترجیح دهیم»چه بخواهیم، چه نخواهیم؛ میباید! از کوچه های پُر پیچ و خم «زندگی» "عبور کنیم" گاهی «تلخ» گاهی «شیرین» ("عبور ها هستند" که کوچه های «زندگی» ما را میسازند) بدانیم: هرگاه در حالِ طی مسیر، در این کوچه ها، ردِ پای کسیکه، آرامش ما را گرفته است را، دنبال کنیم، به خودمان میرسیم! «"میباید بهای هر چیزی را بپردازیم"» باید کاری کنیم تا "تغییری" ایجاد شود. بدون ارادهٔ خواستن و زیر بار فشار رفتن امکان ندارد، زندگیمان "تغییر" کند! «*هرگز چنین نمیباشد*» تا ورزش نکنیم، بدنمان ورزیده نخواهد شد! تا درس نخوانیم نمیتوانیم دانشگاه برویم! تا ارتعاش مثبت ندهیم، تا احساساتمان را، خوب نکنیم، تا باورهایمان را تغییر ندهیم، اهدافمان به سرانجام نمیرسند.

احساستِ خود را خوب کنیم تا اتفاقات بهتری بیافتد! «هیچ چیزی اتفاقی رخ نمیدهد»

باور داشته باشیم، ما در زندگیمان، آنقدر فرصت نداریم، که مدام،

زندگی کردن مثل این و آن را تمرین کنیم! به خود جرأت داده، حرکت در کوچه های «زندگی» را مطابق با خواستهٔ قلب و ادراک درست خودمان آغاز کرده و ضمن حرکت، تفکر کنیم: فقط صحبت نکنیم: صحبت کردن، نمی آموزد و فقط موجب گفتارِ مطالبِ تکراری میشود: چیزی که موجب پیشرفت ما میشود، (تفکر است و گوش سپردن) در این حالت میاموزیم.

بعضی مواقع میباید آرام گرفته، نشسته و کمی هم فکر کنیم: نگاهی به دور و بر بیاندازیم، شاید دیگر برنده شدن در تمامی مسابقه ها، ارزشش را، برای خودمان از دست بدهد: شاید به این نتیجه برسیم، که سرعت امان، در مسیر زندگی، از حدش گذشته: شاید بفهمیم که برای *هیچ و پوچ* داریم سرعت میگیریم! شاید بفهمیم که زندگی کوتاهتر از آنی استکه تمامش را در مسابقهٔ تاختن بگذرانیم! (بعضی لحظه‌های زندگی را باید مزه مزه کرد، حتی تلخی هایش را) (بعضی ها را باید آهسته، آهسته تجربه کرد) سرعت زیاد، گاهی موجب سرنگونی در حرکت ماشین زندگیست! خیلی نگران بهترین بودن نباشیم.

«هلن کلر» چقدر زیبا گفته: ”شخصیت فردی“ افراد، هیچگاه نمیتواند در آسانی و رفاه شکل بگیرد؛ تنها از طریق ”تجربهٔ رنج و تلاشِ

معقول“ *روح* میتواند قوی شود، بلند همتی ترغیب شود و موفقیت حاصل گردد..اینقدر تلاش برای قهرمانی را فراموش کرده، همانگونه زندگی کنیم، که کودک درون خود را راضی نگه داریم: به آن سوی نقابهای اجتماعی خود نگریسته، وجود اصلی خود را یافته و با رضایت درونی زندگیمان را ادامه دهیم.

هر شخصی باید به فردیت خودش برسد تا این فردیت در کل، بصورت هستی یکپارچه نمایان شود. اینکه کجای کار یک فرد غلط یا درست هست در «بی عیب و نقص بودن اعمال فرد“ مشخص خواهد شد.* خرد* این استکه بدانم هیچم! «عشق» آن استکه ”میدانم“ همه چیز هستم! و میان این دو «زندگی» من در جریان است! اگر ما در روابط خود هم «عشق» و هم متضاد آن یعنی «“حمله“ ”خشونت عاطفی“ و ”غیره“» را تجربه میکنیم، به احتمال زیاد، وایستگی نفسانی و چسبیدن معتاد گونه را با «عشق» اشتباه گرفته ایم، نمیتوان یار خود را یک لحظه دوست داشت و لحظهٔ بعد به او حمله کرد! «عشق حقیقی» هیچ متضادی ندارد! اگر «عشق» ما متضادی داشته باشد: باید بدانیم: «عشق» نیست؛ بلکه *یک نیاز نفسانی شدید* به *درک عمیق تر و کامل تر از خود* است! نیازی که فرد مقابل بطور موقت بر آورده میسازد. این احساسی است که نفس، جایگزین رهایی میکند

و برای مدتی کوتاه تقریبا همان احساس رهایی را به شخص میدهد.

تنهایی

با ''تنهایی'' طبیعت خودمان رفاقت کنیم! ''تنهایی'' به مثابهٔ گل نیلوفری است که در قلب ما شکوفا میشود! ''تنهایی'' پدیده ای مثبت و سازنده میباشد! ''تنهایی'' همان شادی است که چون ما فضای خودمان را داریم و واقعاً خودمان هستیم به وجود میآید.

(«مدیتیشن» یعنی شاد بودن هنگامیکه ''تنها'' هستیم) زمانیکه انسان چنین قابلیتی را در وجود خویش کشف کند: دیگر برای شاد بودن احتیاج به وابستگی، به کسی، چیزی یا شرایط خاص را نخواهد داشت، احساس زنده بودن خواهد کرد. این شادی چیزی است که متعلق به ماست و ارتباطی با (روز، شب، جوانی، پیری، سلامتی یا بیماری) ندارد! حتی پس از مرگ نیز این شادی از آن ماست زیرا آن چیزی نیست که به واسطهٔ دنیای بیرونی بوجود آمده باشد. این شادی کیفیتی است که از درون ما میجوشد. این شادی ماهیت طبیعی خود ماست.سفر درونی، سفری است به سوی ''تنهایی'' محض، در این سفر هیچکسِ دیگری نمیتواند ما را همراهی کند ما هرگز نمیتوانیم هستهٔ مرکزی وجود خود را با کس دیگری سهیم باشیم! (حتی عزیزترین فرد در زندگیمان))هنگامیکه ما به درون میرویم، تمام ارتباط خود با دنیای

بیرون را قطع میکنیم! در واقع در این زمان، دنیای بیرون برای ما نا پدید میشود..«عارفان حقیقی» جهان را تنها یک سراب خوانده اند، نه به این علت که واقعا وجود ندارد؛ بلکه به این دلیل که برای «مراقبه» کنندگانی که به ”دنیای درون سفر میکنند“ ”دنیای بیرون محو و ناپدید میشود“ سکوت دنیای درون به اندازه ای ژرف و عمیق است که هیچ سر و صدایی نمیتواند به آن نفوذ کند! ”تنهایی“ «مدیتیشن» به اندازه ای عمیق است که ورود به آن واقعاً شهامت و جرأت میطلبد. ولی از همین ”تنهایی“ استکه سُرور پدیدار میشود و از همین ”تنهایی“ است که خداوند درک و تجربه میشود. هیچ راه دیگری وجود ندارد و هرگز وجود نداشته است ”تنهایی“ خود را جشن بگیریم، فضای پاک و خالص درون خود را جشن بگیریم و به اینصورت نوایی بسیار خوشایند از قلب ما برخواهد خاست. این نوا، نوای «آگاهی و مدیتیشن» است! آواز پرنده ای است که در دور دست میخواند. هنگامیکه این پرنده میخواند منظورش شخص خاصی نیست او میخواند زیرا قلبش مالامال از آواز است؛ ابر می بارد زیرا پر است از باران، گلبرگ های گل ها باز میشوند و هوا را عطر آگین میکنند زیرا آکنده از بوی خوش میباشند! ولی هرگز منظور آنها شخص خاصی نیست. اجازه دهیم ”تنهایی“ ما به یک رقص تبدیل شود.

رشد درست از نقطه ای آغاز میشود که با تمام وجود درک کنیم هیچکس به نجات ما نخواهد آمد، کسی مراقب ما نخواهد بود و قلب شکستهٔ ما را التیام نخواهد داد! این خودمان هستیم که باید به تنهائی از خود مراقبت کرده و برای "زخم هایمان" «مرهم» و برای "جانمان «روح» باشیم! این مرحله، مستلزم خودداری از سرزنش دیگران، جهان و زندگی است.

هرگاه رد پای کسی که، از او آرامش گرفته ایم را یافتیم، بدانیم، که به «"بهشت"» درون خود راه یافته ایم.

«بودا» میگوید: هر کسي که خود را شناخت و توانست با شناخت فکری سالم، راهی درست را برای زندگیش انتخاب کند، آن زمان است که، میداند: سبب تمام بدبختیها و خوشبختی های او طرز تفکرش میباشد! حالا، جهان برایش مبدل به «"بهشت"» خواهد شد! او دیگر منتظر «"بهشت"» نمی نشیند «"بهشت"» به دنبال او خواهد آمد: هر جائیکه، او باشد، مبدل به «"بهشت"» خواهد شد.

بهترین شیوهٔ زندگی آن نیست، که نقشه هایی بزرگ، برای فردایمان

بکشیم؛ بلکه آن است که وقتی آفتاب غروب میکند، لذت یک روز آرام را چشیده باشیم.

حال بد...

چقدر با این نوشته، که آقای «دکتر مهدی رضا سرفراز» نگاشته اند: موافقم.

(وقتی کسی حالش بده، بهش چی بگیم؟) وقتی کسی حالش بده، بهش نگیم: ای بابا اینم می گذره. نگید درست می شه. نخواهید با جوک های مسخره بخندونیدش، نمی خواد بخنده. خنده اش نمیاد، غصه داره، براش از فلسفهٔ زندگی حرف نزنیم: از انرژی مثبت، مثبت باش و به چیزهایی که داری فکر کن حرف نزنیم، وقتی کسی ناراحته اصلاً این شما نیستین که باید حرف بزنین، شما در حقیقت باید حرف نزنید: باید دستش رو بگیرید. بغلش کنید و، به چشم هاش نگاه کنید. براش چایی بریزید، براش یک چیزی که دوست داره بپزید، بذارید جلوش، بعد حرف نزنید. بذارید اون حرف بزنه و شما گوش کنید.

«کارل گوستاو یونگ» میگوید: کفشی که اندازهٔ پای من است شاید به پای فردی دیگر فشار بیاورد..دقیقاً باور من نیز بر این است که، هیچ دستور العمل خاصی برای زندگی کردن وجود ندارد که مناسبِ همهٔ

موقعیت ها باشد! مدام، فکر نکنیم، باید نظریه صادر کرده و نصیحت کنیم، فکر نکنیم، اگر حرف نزنیم خیلی اتفاق بدی میافتد، ما خودمان را جای هیچ کسی نمیتوانیم بگذاریم! ما در موردِ زندگی هیچ فردی، دردش، غمش، خوشحالیش نمیتوانیم داوری کنیم! افراد ویژگیهای خاص خودشان را دارند! محیط زندگی، تربیت خانوادگی، باور هائی که با آنها رشد کرده اند: همگی را، از وقتی به دنیا آمده و زندگی کرده اند! از هرکسی فقط میتوان این را دانست، که شخصی منحصر به فرد است و هیچ نسخه ای برای هیچکس، شبیه نسخهٔ دیگری نیست! ما فقط میتوانیم: دستش را بگیریم: بغلش کرده و، سکوت کنیم! اگر دلش خواست خودش حرف میزند. این بزرگترین کمک میباشد! بلی کاملاً همینطور است، هرگز به کسیکه دردی دارد، حادثه ای ناگوار برایش پیش آمده، یا افسرده است، عزیزی را از دست داده، دلداری ندهیم، مثال نزنیم: از کسان دیگر برایش نگفته و نخواهیم دردش را مقایسه کنیم.

من خودم شاهد بوده ام که برای التیام طرفِ درد دیده، به او گفته اند، ببین فلانی در اوج جوانی شوهرش را از دست داده، خدا را شکر کن که سال ها به خوشی گذرانده ای! یا گفته شده، خوب بیمار بود، راحت شد! یا کسی چاق شده، به او میگوئیم، حیف هیکلت نبود، مواظب

باش، هیکلت داره خراب میشه، یا موهایت را کوتاه کردی بهتر شدی، همیشه کوتاه نگه دار! انواع اینگونه حرفها، مقایسه ها برای دلداری و امثال آنها نمک پاشی روی زخم میباشد: و کاش ما یاد بگیریم: برای خوشحال کردن، یا آرام کردن کسی از مقایسه و تمثیل استفاده نکنیم! بیشتر از آنکه اظهار نظر کنیم، شنوندهٔ خوبی باشیم و اگر طرف مقابل از ما خواست، راهنمایش بوده یا جوابش را بگوئیم: پس گفت و شنود را انتخاب کنیم، نه گفت و گو.

مهمترین چیز در روابط انسان ها گفت و شنود است! بخواهیم بیشتر از اینکه گفتگو کنیم: یا فقط بگوئیم: کمی هم شنونده بوده و گفت و شنود داشته باشیم! اما مردم دیگر با هم حرف نمیزنند، به هم گوش نمیکنند! آنها سینما میروند، تلویزیون تماشا میکنند، به رادیو گوش میدهند، کتاب میخوانند، پست های روی اینترنت را به روز میکنند، اما تقریبا، میتوانم بگویم: اصلاً با هم صحبت نمیکنند! اگر بنا داریم دنیا را تغییر بدهیم، چاره ای جز این نیست که از نو برگردیم به دورانی که جنگجوها دور یک آتش جمع میشدند و برای هم قصه تعریف میکردند! شاید این ویروس هولناک «کرونا» سبب شود کمی از دنیای مجازی، مارک گرائی های کاذب! دنیای الکترونیکی و اینترنتی به دنیای واقعی و معنا

گرائی روی بیاوریم! حقیقتاً مدتهاست که «کرونا» مرا به تفکر واداشته و از بُعدِ مثبت به این درد جهانی مینگرم. امیدوارم بتوانیم، در پناه خرد آگاهانه، طوری رفتار کنیم، که نه برنجیم و نه موجب رنجش کسی شویم

***

زندگی خوب

در هر حال، ما باید خود را بطور کامل، شایستهٔ داشتن "زندگی خوب" تلقی کنیم تا آن، بخشی از زندگی ما شود! و آن امکان پذیر نخواهد بود، تا ما تغییر را نپذیرفته باشیم! براي تغيير هر چیزی، به روش خوبی، نیاز داریم که بفهمیم از کجا و چگونه، شروع کنیم: هر چقدر بهتر آن را مشاهده کنیم، در ایجاد تغییرات مورد نیازمان موفق تر خواهیم بود. اینجاست که تفکر سوالی، میتواند کمکمان کند. بصورت واقعاً موثر، تغییرات عمدی با تقویت ناظر درونی امان شروع شود: هر چقدر بهتر ببینیم که کجا قرار داریم، اینجاست که ناظر درونیمان وارد شده، بهتر میتوانیم، مهارتها و برنامه های درست تری را براي تغییرات مورد نظرمان بکار ببریم.

برای تغییر اجازه ندهیم کلمات دیگران باعث دردمان شوند یا، سخنان دیگران باعث رنجش در ما گردد: اعمال دیگران، نمیباید زنجیر هایی برای زندانی کردنِ ما، شوند! نا بینایی دیگران، نمیباید! هدفِ ما را پنهان کند: نا باوری دیگران، نیز نمیباید، عشقِ ما را لکه دار کند! اجازه دهیم: کلماتمان موجبِ قوت قلب دیگران شود، الهام بخشِ آنها باشد و مسیرشان را روشن کند! اَعمالِ ما، میباید زنجیر های دیگران را باز

کند: دستهایمان ”چشم بند“ را از دید دیگران کنار بزنند! عشق ما، یک نمونهٔ درخشان برای دیگران باشد، الهام‌بخش باورشان شویم: و در پایان اجازه دهیم محبت ما نمایشی از محبت خدا باشد.

«به یاد داشته باشیم فروتنی به معنای حقارت نیست».

به عهده گرفتنِ مسئولیتِ کارهای اشتباه خود و به دنبال راهی برای حل کردنِ مسئلهٔ مشکل زا، بودن، به معنای غرق شدن در گناه و شرم نیست: به این معنا نیست که همواره احساس شکست کنیم و هیچوقت حالمان خوب نباشد.

در حالیکه اطرافیان ما به خود حق میدهند در نتیجهٔ رفتارهای اعتیاد آورمان، از دست ما عصبانی و به ما اعتماد نداشته باشند، نیازی نیست خود نیز این احساسات را به دوش بکشیم: کافیست احساسات آنها را درک کرده و مسئولیت کارهای خود را که باعث بوجود آمدن این احساسات شده اند را بپذیریم: ولی این تفکر که من انسان بسیار بدی بودم و لیاقت بخشش ندارم، به اندازهٔ اینکه فکر کنیم هیچ کار اشتباهی انجام نداده ایم، غیرمنطقی است! (فروتنی، به معنای منصف بودن و توازن داشتن است) (تنفر از خود همیشه بر اساس طرز تفکر های غلط بوجود میآید!) ”مرهم بودن“ چراغی است که پیش از همه خانهٔ خود

شخص را روشن میکند: حرارتی است که پیش از ”دستِ گیرنده“ ”دست دهنده“ را گرم میکند و آواز شیرینی است که ابتدا دل خود شخص را آکنده از شادی میکند.

وقتی بتوانیم، یک آرام بخش حرفه ای شویم، خودمان تسکین مییابیم. وقتی بدانیم چگونه تسلای درد باشیم، از درد نوعی ابزار قدرت ساخته و نیرومند میشویم: وقتی تسلای درد بودن را بلد باشیم «خود و خدای خود» را یافته ایم و هرگز تنها نخواهیم بود.

کودک پروری

(برخی‌از مهارتهای ”کودک پروری“ اختصاصاً به خود ما بر میگردد) گرچه، ارتباط مستقیم با فرزندمان ندارد اما تاثیر شگرفی بر او میگذارد! (مانندِ «برقراری رابطه‌ای محکم» با همسرمان) کودکان در خانواده های کم تنش، در دراز مدت، شادتر و موفق تر خواهند بود. تحقیقات نشان میدهد که در یک ازدواج موفق، کودکان بهتر رشد کرده و سازگار تر میشوند.

«چند راهکار ساده در تحکیم رابطه» (تمرکز بر حل مسئله بجای سرزنش) (بیاد داشته باشیم که اهمیت رابطه بیشتر از این است که حق با کیست) (هرجا ممکن است در کنار همسرمان بنشینیم: در رستوران، مهمانی و غیره) (روزانه زمانی را به حرف زدن با هم و دربارهٔ آینده اختصاص دهیم) (بیشتر از خودمان بپرسیم من چه چیز به این رابطه میدهم؟ نه اینکه من چه چیزی دریافت میکنم) (دست روی اشکالات همسر خود نگذاریم و در برابر دیگران، از او تعریف کرده، مهربان بوده و حرمتش را حفظ کنیم) (گاهی از همسر خود با محبت،

نه بصورت **اعتراض، طعنه و متلک** بپرسیم؟ به من بگو: چه کارهائی میتوانم بکنم که تو را شاد تر کرده و همسر بهتری برایت باشم) (ازدواج و زندگی خود را، هرگز و هرگز، با دیگران مقایسه نکنیم!) وقتی زوجین شناختشان از یکدیگر را بیشتر و پیوندشان را عمیق تر میکنند، آنها چیزی را میسازند که روانشناسان به آن (خانهٔ روابط عاطفی پایدار) میگویند: این خانه از چندین «طبقه» و «دیوار» تشکیل شده است! طبقات آن عبارتند از *ساختنِ نقشه عشق*.. *تحسین و مهرورزی نسبت به یکدیگر* *گام برداشتن بسوی هم* *دیدگاه مثبت* *مدیریت تعارض* *تحقق بخشیدن به رویای یکدیگر* و *ایجاد معنای مشترک* «"دیواره های اصلی این ساختمان «اعتماد» و «تعهد» است"» در مورد هر کدام از این عناصر توضیحات بیشتری در (دیکشنری «عشق») نوشتهٔ دکتر ها «جان و جولی گاتمن» داده شده است! که هر زوجی بخواند خوب است و کمکش میکند! (خانهٔ روابط عاطفی پایدار) از نُه بلوک اساسی تشکیل شده است: که به آن، «ساختمانِ روابطِ سالم» میگویند: سه حوضهٔ اصلی آن: «*دوستی* *تعارض* و *معنای مشترک* میباشد» این عناصر، «پایه های خانه ای با روابط سالم در ازدواج را تشکیل میدهند!»

ممکن است موارد ذکر شده برایمان تکراری باشد! ولی اثری که در

گفتن، شنیدن، خواندن و دیدن میباشد: در نگفتن، نشنیدن، نخواندنو ندیدن نیست! و میتوان گفت: علم روانشناسی، نتیجهٔ تجربهٔ مادر بزرگ هاست! لذا دربارهٔ اهمیت آنها نه تنها در رابطهٔ خود با همسرمان، بلکه بر روی فرزندانمان نیز تامل بیشتری کنیم.

گاهی وقت ها نفر اول شده ایم ولی، در همان حال هم، به جایگاه دیگران حسرت خورده ایم! گاهی وقت ها متوجه جاییکه ایستاده ایم نیستیم و نمیدانیم که، میباید بخاطر جاییکه هستیم شاد باشیم! گاهی وقت ها می بازیم اما شاید به هدف نزدیکتر شده باشیم: بنابراین بعضی مواقع، لازم است هر جا که هستیم خوشحال و از خودمان رضایت داشته باشیم! بخواهیم: از خودمان بپرسیم؟ چرا؟ گاهی اوقات، نگاه دیگران برایمان مهم تر از نگاه خودمان به زندگی میشود! گاهی وقت ها داشته هایمان بیشتر از ادعایی استکه برنده ها دارند! متاسفانه بعضی وقتها فراموش میکنیم که ما هم فوق العاده ایم! و اگر ریشه یابی کنیم: برمیگردد به تربیت اولیهٔ ما و رفتار والدینمان با ما، که چه انتظاراتی از ما داشته و چگونه بزرگمان کرده اند.

اعتماد به نفس کودک

هرگز فرزندمان را با کسی مقایسه نکنیم! چرا مثل فلانی نیستی؟ ”از فلانی یاد بگیر“ زمانیکه، کودک خود را پائین تر از دیگری احساس میکنیم، عزت نفس و روحیهٔ خود را میبازد، و دست از فعالیت خواهد کشید: ما باید، ضعف و قوت کودکانمان را بپذیریم و تنها، آنها را بر اصلاح رفتار خودشان تشویق کنیم.

کسی که در کودکی تحقیر میشود: عمرش صرف آن میشود که مدام به اضطرابهای خود رسیدگی کند و کسی که با عزت بزرگ میشود، عمرش صرف شکوفائی خود خواهد شد، و اگر مراقب و مواظب نباشیم، *عقده ها* معمار رویا های او خواهند شد.

از جملاتی مثل «تو دیگه بزرگ شدی» «خانم شدی، مرد شدی» «این کارِ بچه کوچولو هاست، تو دیگه بچه نیستی» استفاده نکنیم: چرا که او را از دنیای کودکی، به دنیای بزرگسالی می بریم و کودک دیگر از خود انتظار کودکی ندارد و این در حالی استکه رفتار بزرگسالانه هم خارج از حد و توان اوست؛ بنابراین اعتماد به نفس او پایین میآید.

«”تا چند سالگی قرار است از فرزندانمان مراقبت کنیم؟“» بعضی از

پدر و مادر ها تصور میکنند تا وقتی فرزندشان با آنها زندگی میکند باید مراقبش باشند، ساعت رفت و آمد و دوستانشان را کنترل کرده، درکارها و تصمیماتش مداخله کنند. حتی تا بالای بیست و سی سالگی هم، گوئی این مراقبت فقط با ازدواج او قرار است تمام شود، که البته مورد آخر بیشتر در دخترهاست.

خوب است بدانیم مراقبت والدین و اموری که در بالا به آنها اشاره شد: تا پایان دورهٔ نو جوانی میتواند برای فرزندانمان مفید باشد، یعنی تا ۱۸ الی ۲۰ سالگی! پس از این سن رفتارهای فوق یعنی ((کنترل کردن مداوم آنها و دوستانشان، ساعت رفت و آمد، عقاید و تصمیمات فرزندانمان)) فقط به رابطهٔ صمیمانهٔ ما با آنها، آسیب خواهد زد: به فرزند جوانمان اعتماد کرده، به عقایدش احترام بگذاریم تا اعتماد بنفس و هویت شخصی مناسبی بدست آورد.

از زبانِ بسیاری از نو جوانان (نخستین افرادي که باید به ما اعتماد کنند، پدر و مادرمان هستند، و اگر آنها به ما اعتماد نکنند ما نخواهیم توانست در بزرگسالی، به خود و توانائی هایمان اعتماد کنیم).

اصرار بر کنترل فرزانمان برای اینکه دقیقاً "همانی بشوند که ما

میخواهیم“ دو نتیجه در پی خواهد داشت: یا یک رُبات حرف گوش کن و همیشه تسلیم خواهیم داشت یا یک آشوبگر و یاغی که هر مرزی را در هم میشکند...نتیجهٔ وسواس ها و اصرار های بی مورد والدین بر آنچه الگوی از پیش ساختهٔ تربیتی خودشان بوده است: «”این دو مورد است و حد وسطی هم ندارد“» پس اولاً هیچگاه لباس از پیش بریده ای را برای تربیت کودکمان قواره نکنیم و ثانیاً روی نسخه های تربیتی خود و دیگران اصرار بیش از اندازه نداشته باشیم: شاید این نسخه متناسب با کودک ما نباشد.

معنای برخورد با مشکلات و مسائل فرزندان: این نیست که، قطعاً باید کاری کنیم، تا معنایش این باشد، که باید چیزی یاد گرفته و تغییر کند .آیا شما هم اینطور فکر میکنید؟ برای حل مسئله، گاهی اوقات یادگیری داریم و زمانی نیز امنیت روانی و زندگی ما در خطر است، که شاید اینقدر ترس داشته باشیم که به درس ها نیاندیشم: بایستی مسایل را در موقعیت شناخت و گاهی حتی توان گذر از مشکلات، بهترین تغییر میتواند باشد: برای تربیت فرزندانمان، نخواهیم: راه حل هائی را دیکته کنیم: یا از روی دستِ کسی کپی کرده و، بنویسیم: باور داشته باشیم: اگر بخواهیم، مشکلاتمان را در موقعیت خودمان، ببینم: میباید،

دنبال راه حل ها بگردیم؛ این ما هستیم و میباید: معنا و تغییرات ما، در روند حلِ مشکلاتمان پایدار باشد.

گوش سپردن

«تکنیک گوش سپردن برای بهبود روابط»

بعنوان یک رفتارِ سالم در رابطه، گوش سپردن به معنای شنیدنِ صحبتهای طرف مقابل، صبر کردن برای اینکه حرفهای او تمام شود و بعد اظهار نظرِ منطقی و عقلانی نیست! گوش سپردن به معنای به کار بردن تمام تلاشمان برای درکِ طرف مقابل است! و این گفت و شنود است! نه گفت و گو! بیشترین میزانِ تلاش برای خود را جای او قرار دادن، در وجود او رفتن و دنیا را از دریچهٔ چشم او نگریستن است! هیچکَس نمیتواند بطورِ کامل شخص دیگری را درک کند، چرا که نمیتواند دقیقاً مانند فرد دیگری بود: اما میتوان تمام تلاش خود را کرد! درک کردن با قبول داشتن و موافقت کردن متفاوت است! ما میتوانیم به مسئله از زاویهٔ طرف مقابل نگاه کنیم و در عین حال دیدگاه و نظر خود را حفظ کنیم.

خانمی را در نظر بگیرید که مدام به همسرش بابت سیگار کشیدنش ایراد میگیرد. او باور دارد که سیگار کشیدنِ همسرش برای سلامتی اش و حتی برای زندگیشان مضر است! همسرش توضیح میدهد که

وقتی عصبانی میشود سیگار کشیدن به او کمک زیادی میکند تا آرام شود! این خانم میتواند دیدگاهِ همسرش را بدون موافقت با او، درک کند، یعنی همچنان سیگار کشیدن را رفتاری نا سالم بداند؟ یا نه؟ این تشخیص اوست، نه من.

در ضمن یادمان باشد! که گفت و گو بیشتر حالت دفاعی دارد! ولی گفت و شنود، حالت درک متقابل را دارد.

یادمان باشد! حرفهاییکه میزنیم، دست دارند! دست های بلندی که گاهی، گلویی را میفشارند و نفس فرد را میگیرند! حرف هاییکه میزنیم، پا دارند! پاهای بزرگی که گاهی، جایشان را روی دلی میگذارند و برای همیشه میمانند! حرف هاییکه میزنیم، چشم دارند! چشم های سیاهی که، گاهی به چشم های دیگران نگاه میکنند، و آنها را در شرمی بیکران فرو میبرند! پس مراقب حرفهاییکه میزنیم باشیم: زیرا، سنجیده سخن گفتن از سکوت هم دشوار تر است! زمانیکه با دیگران، بخصوص اعضای خانواده، فامیل، نزدیکان و دوستان صحبت میکنیم: تلاش کنیم! گفت و شنود داشته باشیم. دوست واقعی خود را دریابیم و در حفظش کوشا باشیم! فکر میکنم این بهترین و واقعی ترین توصیف از واژهٔ «دوست» است که، تا کنون شنیده‌ام! (دوستان، ما را دوست

میدارند اما معشوق ما، نیستند) (مراقب ما هستند اما از اقوام ما نیستند) (آنها آماده‌اند تا در درد ما شریک شوند؛ اما از بستگان خونی ما نیستند) (آنها، دوستان ما، هستند) "یک دوست واقعی" همانند پدر، گاهی، سخت ما را سرزنش میکند! همانند مادر غم ما را میخورد، مثل یک خواهر سر به سرمان میگذارد! مثل یک برادر ادای ما را در میآورد، و بالاخره، اینکه بیشتر از یک معشوق دوستمان میدارد.

من درد تو را، ز، دست آسان ندهم

دل بر نکنم، ز، دوست،،، تا جان ندهم.

از دوست، به یادگاری، دردی دارم

که آن درد، به صد هزار درمان ندهم

گاهی اوقات، فقط به آسمان نگاه کرده، لبخندی زده و میگویم:
خدایا، میدونم، که کار تو بود! ممنونم.

والدین همچون کوهی میباشند که فرزندان در قلهٔ آن قرار دارند! زمانیکه کودک خردسالی بودیم، یا زمانیکه جوان برومندی باشیم، یا پا به سن گذاشته باشیم! تا زمانیکه، پدر و مادرمان زنده اند، برایشان همان کودکی هستیم، که آنها با عشق ما را بزرگ کرده اند.

عبادت

«“عبادت“ میباید کاملا فردی باشد» «“عبادت“ باید خودجوش باشد، نه آموختنی»

″عبادت آموختنی“ دروغین است! آنگاه ”عبادت“ ما طوطی وار خواهد بود. کلماتی (بی احساس: بی روح و بی معنا) را تکرار خواهیم کرد! هرگاه ”عبادت“ از قلب ما برخیزد و چیزي از وجود ما را در خود داشته باشد، معنائی عظیم خواهد یافت: آنگاه ”عبادتی“ (پُر جار و جنجال و بی محتوا) که آدمی ”نا آگاه“ نقل میکند: نخواهد بود! معنا و نغمه ای عظیم در خود خواهد داشت! ما باید یاد بگیریم با هستی مراوده کنیم! (با ستارگان، با رودخانه و دریا، با گلها و درختان، با صخره ها) گفتگو کنیم! همینطور (با کوه، دشت، درّه و هرچه که در طبیعت هست)! از این کار غافل نگشته و خجالت نکشیم، زیرا خداوند از این راه خود را بما نشان میدهد! هر چیزیکه هست، جلوه اي از خداست. شروع به مراوده با خدای آشکار کنیم تا روزی قادر شویم با خدای پنهانِ خود ارتباط داشته باشیم! با دیدن شروع کنیم تا آنگاه بتوانیم به سوی نادیدنی جهشی بزرگ انجام دهیم! با زمین گفتگو کنیم: با سبزه

زار گفتگو کنیم:! شاید اینکار ما در آغاز «دینی» بنظر نیاید، اما سلام کردن بر یک درخت، چیزي زیبا، احساسی روحانی و مقدس در خود دارد، زیرا ما روح درخت و حضور آنرا محترم میشماریم و از آن غفلت نمیورزیم! «اگر ما بتوانیم فقط یک چیز را بیاموزیم» اینکه از خدا در شکل تمام تجلیاتش غفلت نورزیم، آنگاه جهل ناپدید میشود و خِرَد بر میخیزد «از درونی ترین هستهٔ وجودمان خرد برمیخیزد»

برگِ درختانِ سبز در نظرِ هوشیار

هر ورقش دفتریست، معرفتِ کردگار

«ژان ژاک روسو» خطاب به *روحانیون مسیحی* میگوید: دست از اثبات حقانیت "مسیحیت" بردارید؛ چون "مسیحیت" واقعاً برحق است، بیایید اثبات کنید که *خودتان مسیحی هستید* این چیزی است که نیاز به اثبات دارد.

به همین سیاق، باید خطاب به تمام مذهبیون دنیا گفت: دست از اثبات وجود خدا بردارید، وجود خدا نیازی به اثبات ندارد؛ شما با رفتار نیک خودتان، اثبات کنید که به *وجود خدا اعتقاد دارید* و *خدایتان* *مادیات و قدرت نیست*! گرچه، این کار با *رنج* همراه باشد.

«اکهارت تله» چقدر عمیق میگوید: حقیقت این استکه براي چیره شدن بر *رنج* ابتدا میباید *رنج* کشیدن را بپذیریم دقیقاً همانی باشیم که هستیم! در تلاش برای ایجاد اعتماد نباشیم؛ (به سادگی اعتماد کنیم به آن چیزیکه در حال حاضر قادر به اعتماد نیستیم یا چگونگی آنرا نمیدانیم)! خود را وادار به قدرشناسی کنیم، فقط قدردان این باشیم که قدردان هستیم؛ عاشق این باشیم که نیاز به قدرشناسی ضروری است! و باور داشته باشیم: که، قدرِ نعمت، نعمت ما را افزون و کفر نعمت، نعمتِ ما را میکاهد! ناتوانی خود را در «عشق ورزیدنِ کامل» دوست داشته باشیم؛ عدم پذیرش خود را بپذیریم و امروز به شکست محض خود در تسلیم شدن سر بنهیم! این آزادی است؛ درست در همین جا که ما هستیم؛ (آزادی در احساس آزاد نبودن، چشیدن طعم پایانی حیات در لحظهٔ آفرینش است) دقیقاً همان که هستیم باشیم، فارغ از آنچه هستیم! به هر رویدادی که رخ میدهد، هرچقدر ناخواسته، نا امید کننده یا گذرا باشد، بگوییم: «من چیزی جز خودِ حیات نیستم! من به آنچه هستم و آنچه دارم، سر تعظیم فرود میآورم»! و به «"چهار کارکرد روانی، از دیدگاهِ «یونگ»" با توجه و دقت نگریسته و عمل کنیم!

«حس کردن *Sensation*» «شهود *Intuition*» «تفکر *Thinking*»

«احساس *Feeling*»

* حس کردن* و *شهود* بعنوان کارکرد های *غیر عقلانی* با هم دسته بندی شده‌اند؛ آنها از (فرآیند های عقل استفاده نمیکنند) این کار کردها، تجربیات را میپذیرند، ولی آنها را ارزیابی نمیکنند! «*حس کردن*» تجربه را از طریق *"حواس" باز آفرینی میکند* بهمان صورتیکه (عکس شیئی را کپی میکند)! «*شهود*» مستقیماً از *محرک بیرونی ناشی نمیشود*؛ برای مثال اگر باور داشته باشیم که فرد دیگری در اتاق تاریکی با ماست، شاید اعتقاد ما بجای تجربهٔ *حسی واقعی* بر *مبنای شهود یا شمّ ما* باشد.

دومین جفت کارکردهای متضاد «*تفکر و احساس*» کارکرد های عقلانی هستند که کار کردن و ارزیابی تجربیاتمان را شامل میشوند. گرچه «*تفکر و احساس*» متضاد هم هستند ولی هر دو به سازمان دادن و طبقه بندی کردن "تجربیات" مربوط میشوند.

کارکرد «*تفکر*» قضاوت هشیارانه را در مورد اینکه آیا تجربه‌ای درست است یا غلط شامل میشود! نوع ارزیابی که کارکرد «*احساس*» انجام میدهد، برحسب (دوست داشتن یا دوست نداشتن، خوشایندی یا نا خوشایندی، تحریک یا بی حوصلگی) ابراز میشود.

پیچک ها

پیچش پیچک ها چشمانم را اجازه ی عبورنداد. دستانش بر قد استوارش گره خورده بود. تا خواستم دست بگیرم سر تعظیم پیچک ها دستانم را نوازش کرد.دلم پر از خواهش بود اما طاقت بیان نداشت. فقط چشم در راه این پیچش هایی بود که با موسیقی باد خودشان را به هر سو می زدندتا من نتوانم آن فرشته ی آرمیده زیر سایه بان چترشان را ببینم. گاهی صدای نسیم در گوشم نجوا می کردو گاهی این پیچش ها دلم را سیراب می کرد. تا دل مطلب را صدا زد اسمان غیرت بارانی شد و از سر غرور رعدی به پا کرد. آسمان خشمگین بی انکه بداندمعشوقش برایم چتری هموار کرد. تا حال هم کلبه ی آرزوهایم را زیر سایه بان همین پیچک تنهایی ام به پا کردم

بت

این نفس گرم همچو آتش خنیاگری است که وجودم را مملو از یادش کرده. دلم در ترنم این نسیم بهاری به یادش در آن چمنزار گلی کاشت. هر زمان گاه و بی گاه به سراغ همان گلی می روم . که یاد آور اوست. گل را نگاه می کنم و احساس. جالب است که حتی با آن گل حرف می زنم . بی آنکه بداند من از او بتی ساختم که در دورترین نقطه خاطراتم با او صحبت می کنم. اما حاضر نیستم این بت را بشکنم و با خودش سخن بگویم . شاید می ترسم این بتی که ساختم نماد کسی باشد که گل وجودی اش خواری بیش نیست اما من او را در پنهان ترین نقطه تنهاییم گل فرض کردم.

کودکی

زمانی که پرچم چشمانم را بستم تا برای خستگی هایم مرحمی در دلم بیابم . کودکی ام را دیدم که مرا التماس می کرد و من پشت به آن ایستاده بودم . کودکی ام به پای من افتاده بود در صورتی که نمی دانست من چه بی تابانه خواهان در آغوش گرفتنش بودم اما پایم به اکنونی قفل است که مرا در حسرت آینده با خود می کشاند ولی هنوز هم چشمان من در خاطرات کودکی ام گم شده.

خستگی

خستگی هایم را تقسیم کردم. دریای مواج خروشان تر شد . آسمان ابری شد و اشک ریخت. زمین ترک برداشت. غنچه ها پژمرده شده اند. گلبرگی رو به تکه ابری کرد و پرسید : چرا اشک می ریزی؟ دریا پاسخ داد: آدمی آمد تا زندگی کند. لذت ببرد. اما نصف خستگی هایش را ما نتوانستیم تحمل کنیم . چگونه می خواهد راه لذت بردن را بیاموزد او که در این مدت نیاموخته؟ این سوال را ابر اینگونه به دریا پاسخ داد. ابر تیکه ی بزرگی از اشکش را نثار غنچه کرد و غنچه شکفت. از آن پس گلبرگ رو به آسمان کرد و جز گرمای افتاب نتوانست هدیه ی دیگری نثار دریای آرام کند.

نفس

آنچنان نفس های ثانیه را روی ساعات قلبم می شمارم که هر لحظه را با ثانیه شمار سفر میکنم که میگوید تیک تاک. با شنیدن صدای پای سرنوشت نشستم زیر سایه بان قلبش به امید این که همین سایه برایم کلبه ایی بشود که در آن بسازم کوله بارم را با آرزوهایم ولی دریغ از این که منزلم شد کلبه ی فراموشی . ساعتش خاطرات دلتنگی است . تو می دانی سرنوشت من سرنوشت آرزوی محالی است که دلتنگی را در آغوش گرفته و دیگر سفر خیال آرزوها را نخواهد دید.

کاش

کاش دستان سرنوشتم برگی را از درخت زندگی ام را به چمنزار افکارم بیهوده با رقص باد به زمین رویاهایم نمی نشاند اینگونه رویاهایم دور از دسترس نمی شدند. دلم افکارم همه در درختچه ی کوچکی هستند که با دستان باغبان زندگی ام کاشته شده اند. و هم اکنون فصل پاییز است و برگ ریزان . می رقصند به هر سو و بی آنکه بداند در کنارش غنچه ایی شکوفه می دهد. بی آنکه بداند همین فصل پاییز برای درختچه ی دیگر آغاز زندگی ایی است دوباره.

چتر

هوای دوستی گاهی زمانی مرا به عقب می برد. آن قدر برایش به عقب کشیده می شوم تا بلکه خاطره هایش برای دلم مرحمی . تا خواست کلمه ایی بگوید دستانش در دستانم چترچشمانش را بست و هرگز چترش را برایم نگشود . فرصتم نشد تا حتی برایش هوا را بارانی کنم. در کنارش نشستم به امید یک صدا . صدایی که شاید هر روز می شنیدم اما گوش نمی دادم. مدام پی امروز فردایی بودم که روزی قرار است بیاید ولی تا حال هم نیامده . آنروز در کنار جسد بی جانش فهمیدم . جهان هستی همین را می خواستی بگویی و من نفهمیدم که: امروز همان فردایی است که دیروز منتظرش بودید."

مادر

لحظه ایی را به یاد آور که به دنیا آمدنت را تک تک سلول هایت خواهان بودند . آرزویت بود عروسکی شوی در دستان فرشته ایی به نام مادر. تورا در آغوش بگیرد و نوازش کند. تا دستانش را می گرفتی پاهایت می لرزید و به زمین می افتادی . اما باز بلند می شدی. آیا به یاد داری که به زمین بخوری و دیگر بلند نشوی؟ زندگی هم گاهی همین پاهای کوچکت را با دستان پر قدرتش نوازش می کند. زندگی هر چقدر هم که سخت یا آسان . دقیقا همانی است که برای به دست آوردنش خودت را از قفس فرشته ایی به بیرون پرتاب کردی. دوست داشتی آن را تجربه کنی. پس حالا که در اوج تجربه ی آن هستی دوست من چرا گاهی عقب می کشی؟ مطمئن باش پس از قفس آزادی است . اگر بدانی چطور پرواز کنی.

خاطره

اگر برای خاطره ی قلبش نبود نمی سرودم . اگر تمام دنیا را به من هدیه می کرد باز هم برایش نمی سرودم . وقتی زیر درختی در کنارم زمزمه می کرد که چند ی است هوایم خاطره ی اوست باز هم برایش نمی سرودم . زمانی برایش خواهم سرود تا باور کند خودش همین آواز بی تکلمی است که برگ ها زمان رقصشان برایش می سرویند. آن زمان خواهد فهمید من فقط با صدای بلند آهنگ برگ ها را برایش می خوانم . آن وقت می فهمد من با طبیعت و برای طبیعت می خوانم.

قطره خون

دلم شکست. اما قطره خونی نچکید. نگاهم در آسمان سوار ابر ها شد تا شهر خیال رفتم. هم سفرانم قطره قطره های همان ابری بودند که مرا با خود می برد. بغض داشتم اما اشک هرگز. آنقدر مرا با خود تا اوج برد. که دیگر نفهمیدم همه ی این قطره قطره ها آه چندین ساله و مرحم دل شکسته ی من هستند که بر روی کلبه ی آرزوهایم می چکند

مادر بزرگ

برگشت ثانیه شمار ساعت کوچک مادربزرگ. غنچه ایی نشسته در حیات خیالم. دستانش آن غنچه را چید از ذهنم . بر خواستم از جا . کو مادر بزرگ؟ ثانیه شمار را دیدم ۱ ثانیه به جلو رفته بود . در همین پرواز خیال ۱ ثانیه ای نه غنچه ای باقی مانده بود و نه مادربزرگی. چون بی خبر بودیم که مادر بزرگ ها همان غنچه ی وجودی مان هستند. بدون آن ها ساعت رو دیوار کار خواهد کرد . ثانیه ها را هم حتی گاهی خواهد پرید. اما آیا آن غنچه ی جیده شده باز خواهد گشت؟

حسرت

دلش با حسرت های گذشته روبوسی کردو اتمام حجت. گفت گذشته ی من مرا به دل دریاچه ایی بسپار که قایق نجاتش همان کسی باشد که در گذشته ایی دور دستانش را فقط برای من پلی کرد تا خودم را از گذشته تا حال بکشانم در حالیکه پا ها ی ناتوانم یارای حتی خزیدن هم نداشت. بادش همان نسیم دلنوازی باشد که هر شب در لا به لای ریشه ی افکارم فقط تو را نجوا می کرد. و اما در آخر همین قایق خواهد بود که مرا در آغوشت خواهد گذاشت.

کبوتر

دلم در پی نجات کبوتر بی آشیان دلش سال ها به شکار نشست. سال ها ی سال جواب هر کبوتر پیغام رسانی را با تعدی می داد. که نکند روزی از همین کبوتر پیغام رسان خبر باز آمدنش را بگیرد . باز نیامد از سفر کرده خبری و رفت این کبوتر مهاجر و خودش را به غربت فروخت. نه تنها زادگاهش بلکه دلش را وجودش را هم فراموش کرد. در غربت کبوتری دید زیبا و پسندیده .دید در پشت بامی رمیده . با خود گفت چه زیباست این غربت . خود را به او نزدیک کرد. تا خواست بیاموزد رمزو راز زیبایی آن کبوتر را همان هم که داشت بر باد زمان بر جا گذاشت.

راز

بغضی در گلویش شکست وقتی به عقب باز گشت. دیوار آرزوهایش ترک برداشته بود . خموده در گوشه ایی به آخرین خط خاطره اش بازگشت . گوشه چشمی به در دوخته بود . در دستش عکسی از او به یادگار داشت. دارایی اش تنها همان یک عکس بود. گاه با دیدنش غنچه ی پژده ای لبانش باز می شد . گاه هم پرچم چشمانش به بارانی التماس می کردند که دیگر نبارد. کسی را نداشت. دوست او یک درخت بود. این درخت با تمام خاطراتش آشنا بود. در قلب این درخت دفترچه ی خاطرات کسی است که او را هیچ کس نشناخت جز همان یک درخت. روز دیگر هنگام زمزمه ی خاطراتش به درخت زندگی . او را بی جان کنار بهترین دوستش یافتند. هر چه خواستند زندگی نا مه اش را بدانند . نتوانستند آخر بهترین دوستش طبیعت جانداری بود که هیچ گاه رازی بر ملا نمی کرد. فقط از آن پس دیگر جوانه نداد. هیچ کس راز این پیر مرد را نفهمید و رفت.

غنچه

گلی در باغچه ی همسایه رویید. از پشت پنجره چشمانم زیبا بود. گفتم: چه زیباست باغچه ی همسایه. همسایه ام نگاهش را دوخت به درختچه ی همسایه اش و ادامه داد زیباست باغچه اش. ترنم آسمان ترحم برانگیز بود . گویی آسمان از ابری دلگیر است. چشمانم را بستم. و به سویش نگاه کردم. آسمان صدایم کرد و گفت: همسایه که همسایه است. تو در باغچه ی دلت چه کاشتی؟گفتم منظورت چیست؟ بارید و غرید : آسمان دلت باش تا هر لحظه و هر جا بباری. درآنصورت حسرت باغچه همسایه همچو هرس علف های خودرو بی معنا خواهد بود. آسمانم می بارم حتی روی علف های خودرو قطره اشکی ام بر روی غنچه همسایه. باغچه ی دل تو چگونه است؟

آهو

چه ساده باور می کند دلم این ترنم نگاه آهو یی را که در هوای دلش می چرد. دیر زمانی نیست که آهویی در دشت ذهنش قدم زنان با چشمانش مرا می خواند. اما لحظه ایی را که دلم قلبش را احساس کند را باور ندارم . آهوی مادری است در دریای خلوت ذهنش که طفلش را در چشمانم پیدا کرده . هر جا و هر لحظه با چشمانش مرا صدا می زند. اما این طفل کوچک مادرش را از کدامین نسیم باد پاییزی پیدا خواهد کرد؟